소프트 스킬

저자
제인

contents

| 들어가는 글: 소프트 밸류업의 시작!

1부 | 데우스 엑스 마키나 Deus ex Machina

1장. 기계의 신이 내려왔다
- 01. 기계 없이는 살 수 없는 당신에게 _ 015
- 02. 또다시 기계 앞에 서는 순간 _ 020

2장. 새로운 시대를 준비해야 하는 당신이 알고 있어야 할 사실들
- 03. 당신이 시험을 망치는 이유 _ 029
- 04. 당신의 조직과 자격과 기회 _ 033
- 05. 비관적이거나 낙관적이거나 _ 037
- 06. 히어로는 우리의 일자리를 위협할까? _ 044

2부 | 소프트 스킬, 왜 당신의 핵심 경쟁력인가

3장. 하드 스킬에서 소프트 스킬로
- 07. 우리가 소프트 스킬에 주목해야 하는 이유 _ 053
- 08. 경쟁의 승패를 가르는 기준은 무엇인가 _ 057

4장. 성장과 성공을 위한 스킬 큐레이션
- 09. 구인 광고 속에 숨겨진 성공 시크릿 _ 066
- 10. 세 가지 보틀넥이 당신에게 전하는 힌트 _ 071
- 11. 핵심 역량의 재편, 스킬 큐레이션 _ 077
- 12. 최고의 소프트 스킬을 찾아서 _ 084
- 13. 소프트 스킬은 모여서 소프트 스킬이 되고 _ 095

3부 | 성장과 소통을 책임지는 의사소통 스킬

5장. 의사소통을 돕는 세 가지 스킬

14. 소통의 전문가가 되려면 _ 109
15. 작정하고 품어라, 포용력(Inclusiveness) _ 116
16. 듣기 평가보다 어려운 적극적 경청(Active Listening) _ 123
17. 건강한 관계의 씨앗, 자기표현(Self-Expression) _ 130

4부 | 눈치 스킬

6장. 의사소통 스킬을 업그레이드할 수 없을까?

18. 눈치는 정답일까? _ 141
19. 눈치가 장난 아닌 [그들]을 카피하라 _ 144
20. 눈치 있음과 눈치 없음 _ 148
21. 우리의 목표는 더 멀리 보는 것이 아니다 _ 152
22. 평범한 눈치, 특별한 능력 _ 156
23. 적당히, 제때, 알아서 _ 165

부록. 소프트 스킬로 빛나는 당신의 프로필

24. 소프트 스킬 예시 _ 170
25. 이번에는 당신이 주인공이 될 차례 _ 202
26. 소프트 스킬로 완성하는 나만의 특별한 이력서 _ 206
27. Chat GPT가 알려주는 <의사소통 스킬 자가 평가> _ 212

| **나오는 글:** 소프트 스킬이 중심이 되는 세상에서, 희망을 품다

| **참고 문헌**

들어가는 글:

소프트 밸류업의 시작!

매년 출시되는 스마트폰의 최신 모델은 새롭게 추가된 기능과 세련된 디자인으로 우리의 관심을 끌어당긴다.

우리도 이렇게 업그레이드할 수 있다면 어떨까. 소설이나 영화 속 주인공처럼 하늘을 날고, 손쉽게 시공간을 이동하며, 괴력도 발휘할 수 있으면 좋겠다.

솔직히 이렇게까지 대단한 초능력은 아니어도 된다. 그저 현대 사회의 치열한 고용 경쟁과 경력 쌓기에서 좀 더 나은 위치를 선점할 수만 있어도 충분하다. 그런 바람을 품고 해마다 우리는 새로운 자기계발서를 집어 들며 비슷한 것을 기대한다. '앞으로는 달라지자!', '이제 직장 생활을 잘할 수 있을 거야', '사회생활이 좀 편해지겠지.'라고 말이다.

 이런 기대는 우리 모두가 '자신의 역량을 업그레이드하고 싶어 한다'는 것을 말해 준다. 다행히 우리의 바람처럼 고용과 성공을 위한 업그레이드는 얼마든지 가능하다. 스스로를 자신이 속한 일자리에 최적화하면 된다. 이 과정에서 새로운 스킬을 추가하고, 필요 없는 스킬은 제거해 나가며 자신의 가치를 높이면 된다. 이때 '어떤 스킬'을 선택하고 개발할지가 업그레이드의 성공 여부를 결정한다고 볼 수 있다. 따라서 반드시 각 일자리와 시대적 상황과 요구에 들어맞는 '적설한' 스킬을 선택해야 한다.

 그리고 시대에 따라 유용한 스킬을 선택하기 위해서는 무엇보다도 현재의 고용 트렌드를 파악하는 것뿐만 아니라, 미래의 일자리와 고용에 대한 변화를 예측하고 대비하는 노력도 함께 필요하다. 특히 미래에는 일자리와 고용이 어떤 기준 Criteria에 의해 결정될지를 남보다 한발 앞서 생각해 봐야 한다.

 사람들에게 주목받는 스킬은 시대의 흐름과 함께 변화해 왔다. 과거 농경 시대에는 농사짓는 능력과 노하우가 중요했지만, 산업혁명이 시작되면서는 대량 생산 관련 스킬이 중요해졌다. 정보화 시대에는 지식 근로자의 고유한 경험이나 축적된 지식이 가장 중요한 개인의 역량으로 여겨졌다. 그리고 현재 4차 산업혁명 시대에는 디지털 기술과 혁신에 대한 이해가 고용의 핵심 역량으로 떠오르고 있다. 사람들은 이런 역량을 강화하기 위해서 다양한 노력과 시간을 투자하고 있다.

그러나 이런 디지털의 열풍을 바라보며, '과연 앞선 기술을 선점하는 것만이 미래가 요구하는 핵심 역량일까?' 하는 의문이 들었다. 그러다 4차 산업 혁명과 함께 찾아온 반전을 발견했다. 놀랍게도, 과거에는 보조적인 스킬로 여겨지던 인간 고유의 능력인 소프트 스킬이 점차 더 중요해지고 있다는 사실이다. 즉, 가장 인간다운 스킬이 고용을 결정짓는 핵심 스킬이 되는 시대가 함께 온 것이다. 이제 더는 지식과 하드 스킬만으로 고용과 성장이 보장될 수 없다.

이러한 변화에 맞추어 우리의 업그레이드는 소프트 스킬, 즉 인간적인 스킬을 개발하고 강화하는 데 초점을 맞춰야 한다. 남들보다 우위에 설 수 있는 당신만의 핵심 역량을 소프트 스킬의 영역에서 발굴해야 할 필요가 있으며, 우리 자신의 가치가 AI로 대체될 수 없는 영역을 서둘러 강화해야 한다.

이제 스스로에게 다시 질문한다. 우리는 어떻게 자신을 업그레이드할 것인가?

이 책은 우리의 업그레이드를 돕기 위해서 인간 고유 능력인 소프트 스킬을 소개하고, 고용과 경력 성공을 결정하는 데 소프트 스킬이 얼마나 중요한가를 이야기한다. 그리고 그 배경이 된 기계 발달과 일자리 감소에 관한 이야기를 1부에서 소개한다. 2부에서는 하드 스킬과 소프트 스킬을 설명하고, 하드 스킬보다 소프트 스킬이 더욱 중요해지고 있는 상황에 대한 공감을 독자들로부터 끌어내고자 했다. 더불어 소프트 스킬과 하드 스킬의 중요성이 전도됨에 따라 소프트 스킬을 중심으로 우리의 핵심 역량을 재편해야 함을 말하고자 했다. 3부에서는 대인관계 스킬인 소프트 스킬을 활용하여 조직에서 성장할 방법을 알아본다. 또한, 조직에서 필요한 소프트 스킬과 함께 세 가지 의사소통 스킬 공략법을 소개할 것이다. 4부에서는 눈치 스킬을 키울 것을 제안한다. 독자들은 눈치가 얼마나 중요한 소프트 스킬인가를 새롭게 발견하게 될 것이다.

마지막으로 부록에서는 소프트 스킬을 어떻게 이력서에 포함할지를 다루고, <의사소통 스킬 자가 평가>를 소개한다. 자가 평가를 통해서 자신의 약한 부분을 스스로 찾아 개발할 수 있기를 바란다.

결론적으로 이 책은 따뜻한 소프트 스킬로 당신의 가치를 높이는 방법을 찾는 책이다. 직장 생활을 중심에 놓은 이유는 일자리가 우리 삶의 핵심이라는 믿음 때문이었다. 그러나

이 책은 일상에서 대인관계를 원만히 맺어나가는 데에도 충분한 도움을 제공할 수 있을 것이다.

그 잠재적 의미의 발견은 독자분들이 완성해 주시길 부탁드린다. 부디 도움이 되기를 소망해 본다.

1부 | 데우스 엑스 마키나 Deus ex Machina

[기술은 무서운 속도로 발전하며 우리의 미래를 요동치게 한다. 이토록 불안한 시대에서 변하지 않는 당신만의 가치를 발견하는 일은 당신의 고용과 성공을 위해 가장 중요한 일이다.]

1장

기계의 신이 내려왔다

01.
기계 없이는 살 수 없는 당신에게

[기계의 신이 인간 세상에 처음 강림한 이래, 인간은 기계 없이는 살 수 없는 존재가 되었고, 우리는 더는 이 두려운 사실에 불편함을 느끼지 않는다.]

연극이나 영화에서 주인공이 더는 희망이 없는 끔찍한 상황에서 "하늘이시여!" 혹은 "신이시여!"라고 외치자 그 순간에 신과 같은 존재가 갑자기 등장하여 주인공을 구하고 모든 상황을 한 방에 깔끔하게 정리할 때가 있다.

예를 들면 사방이 무너진 건물 잔해와 사람들의 비명으로 아수라장이 되었고, 하필 주인공은 감옥에 갇혀 있다. 도와줄 수 있는 지원군도 길이 막혀서 올 수 없는 상황에서 갑자기 하늘에서 눈부신 존재가 웅장한 배경 음악과 함께 화려한 빛을 받으며 내려온다. 그리고 손끝 한번 튕기는 수고로움으로 모든 것들이 바로 원위치를 찾는다.

이런 정도의 능력을 갖춘 존재가 있다면, 그것이 바로 아리스토텔레스가 말한 <기계의 신, 데우스 엑스 마키나 Deus ex Machina, God from the machine>, 우리에게 너무나도 익숙한 <기계 Machine>의 기원일 것이다.

<데우스 엑스 마키나 Deus ex Machina>는 '도구나 장치로 구성된 신', '기계 장치로 온 신', '기계의 신' 등으로 다양하게 해석되는데 그 중심에는 <혼란 Chaos를 해결하는 신 같은 존재>라는 의미가 담겨 있다. 특히 인간이 감당할 수 없는 혼란을 한 번에 정리하는 능력을 지닌 존재를 의미한다.[1]

우리는 일상 속에서 수많은 혼돈 Chaos를 마주하고, 그때마다 바로 이 <기계의 신>의 도움으로 상황을 해결하는 것에 익숙하다.

우리가 언제 기계를 사용하는가를 떠올려 보면, 이 의미가 잘 이해된다. 손으로는 도저히 잘게 부술 수 없는 것들도 블렌더를 사용하면 가루처럼 곱게 만드는 데 1분이 채 걸리지 않는다. 그 순간, 기계보다 더 감사한 존재가 있을까. 매일 마시는 물에서부터 숨 쉬는 공기까지, 직장이나 가정 어디에서도 기계의 도움 없이 우리에게 제공되는 것들을 찾아보기 힘들다. 편지 한 장 전달하려고 하루를 꼬박 걸을 필요 없이 스마트폰으로 툭툭 번호 찍으면 되는 세상이니 말이다.

포노 사피엔스의 등장

이러한 현실을 반영이라도 하듯, 2015년 영국 <이코노미스트>에 인류를 정의하는 새로운 단어 <포노 사피엔스 Phono Sapiens>가 등장했다.

<포노 사피엔스>란 신조어에는 인간의 기계 의존성이 그대로 담겨 있는데, 현대 사회를 대표하는 기계, 스마트폰이 없으면 불안하고, 일상생활에 지장을 받는, 스마트폰 없이 살기 어려운 사람들을 말한다.[2]

나 역시도 <포노 사피엔스>가 되어가는 중이다. 몇 해 전 가을 여행 때, 가족들과 묶을 숙소에 텔레비전이 없다는 사실을 도착 직후 발견했다. 완전한 휴식을 위한 숙박업소의 뜻깊은 배려임에도 불구하고, 텔레비전 소리가 없는 공간에서 하루 이틀을 지내야 한다는 사실에 우리 가족 모두는 적잖게 당황했었다. 손에 들려진 스마트폰이 있어서 그나마 위안이 됐지만, 그것 역시도 기계가 아니던가.

그때 나는 만일 스마트폰이나 인터넷이 안 되는 여행지가 있다면 그곳엔 진짜로 못 갈 것 같다는 생각을 했었다. 혹시 모를 응급 상황이 발생할 수도 있고, 누군가와 급하게 연락해야 하는 경우도 생길 수 있으니까. 편의점에 생수를 사러 가는 단 5분 동안도 스마트폰을 놓고 나가면 다시 들어와서 챙겨야 하는 우리는 포노 사피엔스니까.

사실 이런저런 핑계와 이유가 넘쳐 나지만, 결국 우리는 기계가 없으면 아무것도 못 하는 존재가 되어 버렸다는 사실을 인정할 수밖에 없다.

지나친 의존의 부작용

이렇듯 우리는 자연스럽게 <포노 사피엔스>가 되어가고 있지만, 그렇다고 해서 그것이 전혀 아무렇지도 않은 것은 아니다. 기계에 대한 지나친 의존은 문제를 야기할 수 있다.

아이가 자라면서 가장 먼저 내뱉는 첫 단어는 보통은 '아빠', '엄마' 둘 중 하나다. 아기 때부터 항상 곁을 지키고, 친밀한 정서적 교류가 오고 가는 존재가 엄마나 아빠라는 사실이 아이의 말하기에 그대로 드러나는 것이다.

그런데 얼마 전 영국의 한 살짜리 Joe는 달랐다. 지구 반대편에 사는 그 아이의 입에서 나온 첫 단어는 '엄마'나 '아빠'가 아닌 '알렉사 Alexa'였다.

알렉사는 구글 Google의 음성 지원 시스템이다. 아마도 Joe는 책 읽기, 자장가 들려주기, 원하는 TV 프로그램 틀어 주기, 할머니에게 전화하기 등등을 알렉사와 해결했을 것이고, 아직

어린 아기인 Joe는 알렉사를 세상에서 가장 친밀한 존재로 받아들였던 것 같다.

Joe뿐만이 아니다. 포스트 팬데믹 시대에는 'AI 네이티브, AI-Native'라는 신세대도 출현했다. 그들은 어릴 때부터 부모보다 인공지능에 익숙한 세대들로서, AI와 정서적 연대를 형성한다. 이들은 기계와 음성으로 소통하고 사람들과는 비대면 소통에 익숙하다.[3]

이제 우리들의 아이가 엄마나 아빠보다도 '알렉사 Alexa'와 더 많은 교감을 나누는 세상이 되었다.

인간이 어느 순간부터 기계가 없으면 살 수 없는 존재가 되었는지는 알 수 없지만, 분명한 것은 처음 기계의 신이 인간 세상에 강림한 이래, 인간은 기계에 의존하는 존재가 되었고, 우리는 이 두려운 사실에 불편함을 느끼지 않는다는 것이다. 결국, 우리가 모두 Joe가 될 수도 있고, 이것은 마치 주인공을 구하기 위해서 등장했던 데우스 엑스 마키나, 기계의 신이 세상의 주인공이 되어 버린 것이나 다름없다.

02.
또다시 기계 앞에 서는 순간

['Machine'의 어원은 그리스어의 'μηχάνημα'와 라틴어의
'마키나(Machina)'로, '정밀한 고안품과 발명품'을 뜻한다.[4]]

어쩌다 인류는 기계 없이는 살 수 없는 존재가 되어 버렸을까?

산업혁명은 인류 문명을 지금과 같은 모습으로 이끈 가장 큰 변화였다. 인간과 기계의 관계는 분명 오랜 세월을 거치면서 형성된 것이지만, 산업혁명 Industrial Revolution이라는 강렬한 변화의 시기를 겪으면서 점점 더 강한 유착 관계로 발전했을 것으로 보인다. 기계와 인간의 관계를 중심으로 들여다보면, 산업혁명보다는 '기계혁명 Machine Revolution'이라는 이름이 더 어울릴 것 같기도 하다. 기계로 인해 시작되었고, 기계가 있었음에 가능했기 때문이다.

물론 산업혁명 이전의 농업 사회에도 물레방아나 도르래 같은 기계는 있었다. 그렇지만 물의 힘을 사용해서 곡식을 빻는 물레방아나, 무거운 물체를 들어 올리는 도르래는 인간의 삶에 절대적 의미를 갖지는 못했다.

산업혁명

그러다 마침내 거대한 변화가 찾아왔다. 1760년 제임스 와트 James Watt가 개량한 증기 기관 Steam Engine의 등장은 1차 산업혁명의 포문을 열었다. 18세기 영국의 석탄 수요가 급증하자 사람들은 석탄 채굴에 열을 올리기 시작했다. 이때 땅속 깊은 갱도에 고여 있는 물을 퍼 올리기 위해서 개발된 증기 기관은 농기계 같은 단순한 장비가 아닌, 수증기의 열에너지를 동력으로 사용하여 작동하는 거대하고 복잡한 기계였다. 이것은 본격적인 기계의 등장이었다.

증기 기관을 사용한 대량 생산이 가능해지면서 도시 곳곳에 공장이 생겨났다. 이로써 공장에서 임금을 받고 일하는 노동자 계급이 탄생했으며, 이전까지 농사를 지으며 가족과 모여 살던 사람들은, 농촌을 떠나 도시의 공장으로 모여들었다.

이러한 변화는 유럽과 미국에서 일어났는데 그 과정에서 가장 큰 혜택을 본 국가는 영국이었다. 섬유 산업이 발달했던 영국에서는 방적기에 증기 기관을 연결하여 생산성을 크게 향상할 수 있었기 때문이다.

증기 기관이 가진 엄청난 파워(동력)은 얼마 지나지 않아서 기차나 선박 등 교통수단으로 확산하였고, 전 산업으로 거침없이 뻗어 나갔다. 생산성의 폭발은 많은 사람에게 물질적 풍요로움을 선사했고, 이것은 산업화를 가속화했는데 우리는 이것을 '1차 산업혁명'이라고 부른다.

기계의 질주

18세기 영국을 중심으로 1차 산업혁명이 일어났고, 이후 2차 산업혁명이 유럽과 북미 대륙을 휩쓸었다. 그러나 산업화의 모든 과정이 순탄했던 것은 아니다.

1811년에서 1816년에 걸쳐서 일어난 기계 파괴 운동, 일명 러다이트 Luddite 운동이 일어났다. 기계가 들어오면서 공장의 노동자들을 대신하게 되자 수많은 노동자가 해고를 당했다. 그러자 기계가 인간의 일자리를 빼앗는다는 분노에 휩싸인 노동자들이 공장의 기계를 부수고 불태웠다.

이러한 저항은 효과가 있었을까? 결과적으로 말하면 그들은 기계의 질주를 늦출 수 없었다.

19세기와 20세기 초반에는 내연 기관과 컨베이어 벨트를 이용한 대량 생산이 가능해졌고, 2차 산업혁명이 일어났다. 석유와 전기가 인류의 새로운 에너지원으로 자리 잡게 되면서 인류는 경험하지 못했던 강력하고 탄탄한 동력원을 확보하게 되었고, 전기의 사용으로 인한 공장의 자동화가 이루어졌다. 대량 생산을 통해 물질적 풍요를 이루게 된 사람들은 더 많은 소비와 생산을 촉진하면서 사회 전반의 발전을 주도했다.

20세기 후반부터는 3차 산업혁명의 시대였다. 드디어 컴퓨터와 인터넷이 등장하고, 정보 기술(IT)을 이용한 공장 자동화의 시대가 열렸다. 생산 활동에서 사람보다 기계가 더 큰 역할을 하는 시기가 마침내 시작된 것이다. 세상은 인터넷 네트워크를 기반으로 한 디지털 혁명에 휩싸이며, 개인의 지식이나 정보가 중요한 자원이 되는 정보화 사회로 빠르게 전환됐다. 마침내 지식 노동자 시대의 도래였다.

어떤 이들은 우리가 아직도 3차 산업혁명의 과정에 있다고 하고, 어떤 이들은 이미 4차 산업혁명의 개화기에 들어섰다고도 한다. 하지만 지금 우리가 겪고 있는 디지털 혁명과 IT 기반의 3차 산업혁명을 비교해 보면, 우리가 이미 4차 산업혁명 시대에 들어와 있다는 쪽으로 무게가 쏠린다.

이미 4차 산업혁명을 주도할 키워드는 정해졌다. 전문가들은 가상 공간, 인공지능, 로봇 공학, IOT, 자동 운전 시스템, 나노 테크놀로지, 3D 프린팅, 양자 컴퓨터, 블록체인, 클라우드 컴퓨팅, 메타버스 등이 새로운 미래를 주도할 것이라고 말한다.

지금은 이 모든 것들이 서로 융합된 새로운 디지털 혁명으로 피어나는 중이다. 특히 코로나바이러스로 인한 팬데믹 세상에서 사람들 사이의 대면 접촉이 줄어들자 비대면 세상, 즉 가상 공간에 관한 관심이 폭발했다. 50억 인류가 하나로 연결될 수 있는 가상 현실 세계는 인류의 새로운 기회의 공간이 될 것이라는 기대를 얻고 있다.

그러나 수많은 새로운 기회도 기계에 의해서 가능한 것들이 대부분이다. 인간은 어느새 기계 없이는 살 수 없는 존재가 되어 버렸기 때문이다. 기계의 신은 산업혁명을 통해서 인간의 역사를 바꿨다. 기계 군단은 대량 생산을 이끌었고 일터의 풍경도 놀라우리만큼 달라졌다. 점점 더 많은 노동자의 자리를 새로운 기계가 차지했다. 그리고 지금 또 다른 산업혁명이 시작되었다. 이 혁명의 끝에는 과연 얼마나 많은 인간의 일자리를 기계가 대체하게 될까. 예측하기조차 두려워진다.

세계 경제 포럼(World Economic Forum, 2016)

19세기 후반 유럽에서는 하루 10시간, 주당 평균 50 ~ 60시간의 노동이 평균적이었다. 노동자들은 마치 노예처럼 착취당했고 어린아이들은 만 7세부터 가혹한 노동에 동원되었다.

1793년 바다 건너 미국에서 일라이 휘트니 Elias Whitney에 의해 고안된 조면기(목화솜과 씨앗을 분리하는 기계)는 1,000명의 일꾼이 해야 할 일을 순식간에 해치웠다. 조면기는 생산성과 효율성 측면에서 압도적으로 인간의 노동력을 가뿐히 앞섰고, 그 결과, 면화의 생산량이 폭발적으로 증가했다.[5]

1944년 10월에는 미국 미시시피 삼각주 지역에 최초의 목화 따는 기계가 등장했다. 이 기계는 흑인 노예 50명을 대체할 수 있는 저력을 선보였다. 초기에는 수급률이 높지 않았지만, 1974년경에는 미국 남부 목화의 100%가 기계에 의해서 수확되었다. 목화 따는 기계는 불과 30년 만에 인간의 노동력을 완벽하게 대체했다.[6] 증기 기관이 발명된 지 약 2백 년 만에 기계는 노동 시장에서 인간보다 더 환영받는 존재가 되었고 결국 미국 남부 목화 농장의 풍경은 인간이 아닌 기계가 장식하게 되었다.

애초에 기계 Machine은 인간을 편리하게 하고, 힘든 노동을 보조하려는 단순한 선의(善意)에서 개발되었을 것이다. 기계는 혹독한 노동에서 인간을 해방시키며 인류의 삶에 직접적이고 광범위하게 침투하고 삶의 근본을 변화시켜왔다.

그러나 최근에 온 인류가 놀랄 만한 연구 발표가 있었다.

2016년의 세계 경제 포럼(WEF)에서는 우리가 이미 '4차 산업혁명'에 들어섰으며, 기술 발전이 인류의 일자리에 심각한 위협이 될 것이라는 예측이 발표되었다.

WEF는 인류의 일자리 중 절반 가까이가 앞으로 10 ~ 20년 사이에 사라질 것(2016년 기준)이고, 2010년 출생한 사람의

65%는 지금 존재하지도 않는 새로운 직업에 종사하게 될 것이라고 내다봤다. 또한, 가까운 미래에 2.1백만 개의 새로운 직업이 탄생하지만, 안타깝게도 500만 개의 일자리가 사라질 것이라고 예견했다.[7] 생겨나는 일자리보다 소멸하는 일자리가 더 많을 것이라는 예측은 많은 이들을 충격에 빠뜨렸다.

또한, WEF의 연구에는 <미래 기술의 변화와 대체>에 관한 예상도 포함되어 있는데, 현재 우리가 중요하다고 생각하는 익숙한 기술들이 머지않아 새로운 기술로 대체될 가능성이 크다고 내다봤다.

사람들은 예상을 뛰어넘는 많은 일자리가 사라질 것이라는 점에 혼란스러워했지만, 정작 우리가 주목해야 하는 부분은 바로 이 <미래 기술의 변화와 대체>에 관한 부분이다. 현재의 직업에서 요구되는 다양한 기술들의 가치가 변하고, 새로운 기술이 요구된다면 우리는 이에 대한 대비를 서두를 필요가 있기 때문이다.

농부는 트랙터나 파종기 같은 농업용 기계로 대체됐고, 농부가 가진 기술은 가치가 떨어졌다. 공장 노동자는 다양한 기계와 자동화 시스템이 대체했고, 그들의 경험과 숙련된 기술들은 기계의 등장으로 이제는 필요하지 않게 되었다. 지식 노동자들의 정보와 지식은 컴퓨터나 정보 통신 기기, AI가 대체했다. 4차 산업혁명의 개화기가 지나면 우리가 가진 현재 기술도 재편되고, 우리가 사용하는 기계도 바뀔 것이다. 인공지능 AI인 챗 GPT의 등장은 작곡이나 글쓰기같이 인간만이 할 수 있다고 믿어 왔던 분야의 경계마저 무너뜨리고 창의력에 기반한 고소득 일자리마저 위협하기 시작했다. 생성형 AI로 인해서 전 세계의 3억 개의 정규직 일자리가 영향받을 수 있다는 골드만 삭스의 연구 결과도 일자리의 미래에 대한 불안감을 가중한다. 물론 기업들이 기계를 통한 비용 절감을 선택하는 것은 놀랄 일이 아니지만,[8] 4차 산업혁명을 견인하는 광범위한 기술의 혁명은 고용과 노동 시장을 재편할 것이고, 이로 인해 인간 노동력이 설 자리가 사라질지도 모른다는 우려는 사그라지지 않고 있다.

농부가 호미와 괭이를 집어 던진 것처럼, 우리도 스마트폰과 노트북을 버리게 될까? 과연 미래의 우리 손에 무엇이 들려 있을지 알 수 없다.

하지만 한 가지만은 확실해 보인다. 그것은 분명, 또다시 기계 Machine일 것이다. 기계에 의해 우리가 속해 있는 미래의 풍경은 새롭게 바뀔 것이다. 우리가 더는 드넓은 평야에서 농부를 찾기 힘든 것처럼 말이다.

2장

―

새로운 시대를 준비해야 하는
당신이 알고 있어야 할 사실들

03.
당신이 시험을 망치는 이유

[어제까지 당신이 최선이라고 믿어왔던 능력이 내일의 당신에게도 역시 최선일까 하는 심각한 고민을 더는 외면할 수 없다.]

예상 문제가 당락을 결정한다

시험을 좋아하는 사람은 본 적이 없다. 나도 예외가 아니었다. 그렇다고 해서 시험을 피할 재주는 없었기에, 지긋지긋한 시험 준비를 조금이라도 즐기기 위해서 찾아낸 나만의 방식이 있었는데, 바로 예상 문제와 답안지를 미리 준비하는 것이었다.

적중률이 높은 예상 문제를 준비하는 것은 운이 따라야 하고, 준비한 답안을 완전히 내 것으로 소화하는 데에는 엄청난 노력이 필요하다. 그래서 보통은 시험 한 달 전부터 예상 문제를 만들어 보고 정성껏 작성한 답안을 달달 암기한 후에 시험장에 들어간다.

물론 이런 방식으로 시험에 대비하는 것은 많은 시간과 노력이 필요하다. 예상 문제가 많을수록 시험 결과도 좋아지기 때문에 되도록 다양한 예상 문제들을 준비하려고 하다 보니, 공부하고 암기할 양도 함께 늘어나기 때문이다. 이렇게까지 시험 준비를 해야 하나 싶을 때도 있었지만, 시험지를 받아 들고 나서 문제를 확인하는 순간, 힘들게 준비하길 잘했다 싶은 안도감이 들 때가 더 많았다.

하지만 지루하고 고된 노력이 늘 좋은 결과로 이어지는 것은 아니었다. 때로는 운(運)이라는 것으로 인하여 희비가 엇갈리기도 한다. 열심히 외운 예상 문제가 빗나가는 경우가 바로 그렇다. 아무리 열심히 준비했어도 전혀 다른 스타일의 문제들이 출제된다면 시험을 망칠 수밖에 없다. 그러나 이 역시도 결국은 출제 경향을 제대로 파악하지 못한 나 자신의 탓이다.

고용을 결정짓는 시험도 마찬가지다. 면접장으로 향하는 지원자가 준비한 예상 질문과 개성 넘치는 답안들은 당락을 결정짓는 중요한 변수이다. 경쟁률이 수백 대 일, 수천 대 일인 서류 전형을 통과하고 마침내 면접을 볼 기회를 얻게 된 구직자들은 다양한 각도에서 예상 질문들을 준비할 것이다. 본인들이 준비한 유형들이 과거 면접시험에 자주 등장했던 것처럼, 이번 면접에서도 이와 비슷한 질문들이 다뤄지기를 내심 기대하면서 말이다.

하지만 만약 면접관들이 지원자의 예상 범위를 한참 벗어나는 생소한 질문들을 던진다면, 웬만한 지원자들은 당황한 나머지 힘들게 얻어 낸 기회를 한순간에 날려 버릴 수도 있을 것이다. 그러므로 시험을 준비할 때는 정확한 분석과 예측이 무엇보다 중요하다. 지원자가 들고 있는 예상 문제와 답안지가 지원한 회사의 최근 면접장 분위기를 제대로 파악하지 못했거나, 과거의 시험 유형에서 벗어나지 못했다면, 좋은 결과를 기대하기는 어려울 것이다.

고용을 결정하는 조건

우리에게 필요한 예상 질문과 모범 답안지는 어떤 것일까? 세계적 비즈니스 매너 전문가 로잔 토머스는 지금 고용주들이 가장 관심을 두는 분야는 지원자들의 사교적 기술이며, 특히 면접에 임하는 태도와 인성이 당락을 좌우할 것이라고 조언한다.

<채용 담당자들이 지원자 중에서 합격자를 가르는 첫 번째 기준도 태도와 인성이다. 그들 중 상당수는 지원자를 만난 지 1 ~ 2분 안에 채용 여부를 결정한다.>
- 로잔 토머스, <태도의 품격> 中[9]

개인의 인간적인 측면이 이미 오래전부터 면접장에서 가장 집중적으로 검증되는 고용의 결정적 조건 Critical

Requirement가 되었다. 이러한 사실은 실제 조직 생활에서 이러한 측면들이 전보다 훨씬 더 중요해지고 있다는 사실을 반영하는 것으로 해석할 수 있다. 따라서 취업을 앞두고 있거나, 이직을 염두에 두고 있는 사람이라면 이러한 비(非)기술적 스킬 Non-Technological Skill을 익히기 위해 미리 준비해야 한다. 기계나 프로그램을 능숙히 다루고, 다양한 지적인 능력에만 의존해서는 당신의 고용과 성공을 보장하기 힘들다.

지금 여러분의 손에 들려 있는 예상 질문지와 답안지를 한 번 살펴보자. 지난 수년 동안 들고 있던 그것이 과연 당신을 이 치열한 일자리 경쟁에서 승리로 이끌 족집게 족보가 확실한가?

일자리 시험의 족보는 바뀌고 있다. 경험이나 능력만큼, 아니 어쩌면 그보다 더 성격이나 태도가 중요하다는 이야기다. 혹시라도 우리가 이러한 변화를 외면한 채 과거의 질문과 답안들에 갇혀 있는 것은 아닌지 지금부터라도 점검해 봐야 한다.

04.
당신의 조직과 자격과 기회

[사람은 일을 통해서 성장하며, 일을 하며 자아를 확립하고, 인격적으로 완성되는 것이다.]
- 이나모리 가즈오, 〈왜 일하는가〉 中[10]

일자리 소멸의 심각성

먹고사는 것은 중지할 수 없지만, 안타깝게도 일자리는 중단되는 경우가 허다하다. 개인적 사정이나 조직적 변화로 인한 때도 있지만, 그것과는 다른 이유로 다수의 일자리가 비자발적이고도 광범위한 조정을 받기도 한다.

우리가 겪은 코로나 19나 4차 산업혁명이 바로 이런 이유에 해당한다. 특히 코로나 19는 우리 사회에 단기간에 많은 변화를 가져왔다. 바이러스의 전파를 막기 위한 통제는 사람들의 접촉과 관계를 최소화하는 방향으로 일자리에 영향을 미치기 시작했다. 이로 인해서 일자리는 '비대면', '가상 현실 Virtual Reality', '자동화', '무인화'로 재편되었으며 많은 일자리가 소멸하기도 했다.

2022년 4월, KBS는 부산복지개발원과 함께 코로나 19 이후 늘어난 부산 지역의 긴급복지 대상 10만 건에 대한 분석 결과를 발표했다. 정부의 지원이 필요한 40대와 50대의 수는 코로나 이전보다 2배 이상 늘어났고, 갑작스러운 실직으로 복지 대상이 된 사람은 기존보다 4배 이상 증가했다. 즉, 경제 활동이 가능한데도 일자리를 구할 수가 없어서 실직 상태에 빠진 사람들의 수가 단기간에 급증했다는 것이다.[11]

20대는 아직 학업 중이거나 취업 준비 중인 경우가 많고, 노년층은 일할 능력이나 의지가 줄어드는 시기에 있다. 그러나 40 ~ 50대는 다르다. 그들 대부분이 한 가족을 부양하는 책임을 안고 있는 가장이기에, 이들의 실직으로 인한 고통은 가족 구성원의 고통으로 번지게 된다. 그렇기 때문에 이들의 높은 실업률은 젊은 청년들이나 노년층의 실업률보다는 훨씬 더 심각할 수밖에 없다. 한순간에 가족 모두가 경제적 위기에 내몰리게 된다.

코로나 19라는 특수한 상황과 부산에서 진행한 조사라는 점을 고려하더라도 말이다. 코로나 19의 여파로 온라인 상거래가 활성화된 이후, 40만 개의 판매 종사직이 줄어들었다는 통계청 국가통계포털(KOSIS)과 마이크로데이터의 조사 결과는 이런 상황이 얼마나 심각한가를 극명히 보여 준다.[12]

일자리에 담긴 의미

이런 현실을 살아가고 있는 우리에게 <일자리>란 무엇일까?

그것은 경제적으로는 인간의 기본적 생활을 유지하기 위한 수단이지만, 인간의 고차원적 욕구를 해결하는 사회적 의미도 함께 지닌다. 특히 물질적인 면에서 풍요로워진 현대인에게는 먹고사는 의미 외에 자신의 삶에 대한 만족과 행복을 찾기 위한 수단으로도 매우 중요한 의미를 갖는다.

국어 사전에는 일자리가 '여러 사람이 모여 일정한 일을 하는 곳, 또는 그런 기회, 일정한 조직에서 사람이 차지하고 있는 지위나 직책, 일정한 자격을 갖춘 사람을 필요로 하는 곳' 등으로 풀이돼 있다.

이처럼 다양한 의미들을 살펴보면 결국은 '조직', '자격', '기회'가 핵심이다. 즉, 일자리는 조직이 필요로 하는 자격을 갖춘 사람에게 주어지는 기회로 볼 수 있다. 그러나 만약 이 중 하나가 충족되지 않는다면 일자리는 사라진다. 즉 조직에서 필요로 하지 않거나, 조직이 원하는 자격을 갖추지 못한 사람은 일자리를 가질 수 없다.

문제는 우리가 속해 있는 조직이 원하는 자격이나, 필요로 하는 인재의 조건이 늘 변화한다는 점이다. 그렇기 때문에 우리도 늘 그 자격과 필요를 쫓아서 변해야 하는데, 이것은 좀처럼 쉬운 일이 아니다. 하지만 우리의 일자리를 사수하기 위해서 이런 변화에 대비하는 것은 우리에게 주어진 피할 수 없는 과제와도 같아서, 제대로 대비하지 못한 사람은 경제적, 사회적 붕괴를 겪게 될 것이다.

05.
비관적이거나 낙관적이거나

[두 가지 관점이 서로 다른 결과를 제시하고는 있지만, 기술 발전이 인류의 미래 일자리에 어떠한 형태로든 변화를 예고하고 있다는 점에서는 이견이 있을 수 없다.]

기술 발달이 인간의 일자리에 어떤 변화를 가져올 것인가에 관한 수많은 주장들이 쏟아져 나오고 있다. 그 주장들을 살펴보면 대부분 비관적이거나 낙관적인 주장으로 나뉜다. 어째서 같은 주제에 관해 이토록 극명히 의견이 다른 것일까?

그 이유 중 하나는 연구자가 사용하는 분석 방식의 차이를 들 수 있다. 이른바 '직업 기반 접근법'과 '직무 기반 접근법'이라는 두 가지 분석법이 사용되는데, 인간이 기계에게 일자리를 빼앗길 것이라는 비관적인 예측들은 직업 기반 접근법(Occupation-based Approach)에 의한 일자리 대체율을 근거로 하는 경우가 많다. 반대로 직무 기반 접근법(Task-based Approach)을 사용한 연구들은 대체로 긍정적으로 미래를 예측한다.

직업 기반 접근법

직업 기반 접근법(Occupation-based Approach)의 가장 대표적인 연구는 2013년 다보스 포럼에서 발표된 프레이와 오스본(Frey & Osborne, 2013)의 보고서인데, 이들의 연구 결과는 기술 발달로 인한 일자리 감소 위기에 대한 국제적인 관심을 불러일으켰다.[13]

물론 이와 관련된 주제에 관한 심도 깊은 연구들은 지속적으로 이어져 왔었지만, 주로 상상과 추측에 머무를 수밖에 없었다. 다가오지 않은 미래 예측을 구체화하는 것은 한계가 있었기 때문이다. 하지만 2013년 세상에 나온 프레이와 오스본(Frey & Osborne, 2013)의 연구는 달랐다.

그들은 〈컴퓨터화(Computerizing)가 미래 인류의 일자리에 가져올 영향〉이란 보고서에서 인간의 인식과 조작(Perception and Manipulation), 창의성(Creative Intelligence), 그리고 사회적 지능(Social Intelligence)을 기준으로 삼아서 미래에 컴퓨터가 인간의 직업을 어느 정도까지 대체할 수 있는지를 구체적인 수치로 산출하는 데 성공했다. 그들의 노고로 인해 우리는 현재 막대한 편리함을 누리는 인류의 미래가 얼마나 잔혹해질 수 있을지 예측할 수 있었다.

미국의 702개 직업을 대상으로 분석한 결과, 이 중 47%의 직업이 10 ~ 20년 내에 기계로 대체될 것으로 예측되었다. 이것은 다시 말하면, 가까운 미래에 미국 내 직업의 47%가 사라지고, 이에 종사하는 사람들은 실직하거나 다른 직업으로 이직하게 될 수도 있다는 가능성을 시사하고 있다.

기계로 대체될 가능성이 가장 큰 직업에는 텔레마케터, 재단사, 수리공, 화물 취급인, 사진가, 시계 조립공 등과 같이 단순한 업무들을 담당하는 직업 외에 부동산 등기의 심사·조사 입무 담당자, 컴퓨터 데이터 수집 및 가공 분석가, 보험업자, 세무 신고 대행자, 은행원, 증권 회사의 일반 사무원, 보험 감정원 등 상당수 전문직·사무직도 포함되어 있다.

프레이와 오스본은 가장 심각한 실직 위험에 처하게 될 사람들은 저임금·저숙련(Low wage-Low skilled) 직종의 하위 일자리 계층이며, 상대적으로 고숙련 직종의 위험은 크지 않을 것으로 내다봤다. 그러나 기술 발달은 일상적인 업무 분야뿐만 아니라 비일상적인 업무 분야까지도 위협할 수 있다고 경고했다.

2016년 다보스 포럼에서 발표된《미래의 직업들(The Future of Jobs, WEF, 2016)》도 직업을 기준으로 미래 일자리의 위기를 분석했다.[14] 이 연구 보고서는 4차 산업혁명으로 인해서 인류의 생산성은 엄청난 진보를 경험하게 되겠지만,

결과적으로는 전 세계에서 710만 개의 일자리가 감소할 것이라고 분석했다.

미래에 사라질 일자리의 예상 직업 분야는 (1) 사무직(470만 개, 67%), (2) 제조업(161만 개, 22.6%), (3) 건설·채광 분야(50만 개, 7%), (4) 미술·디자인·엔터테인먼트·스포츠·미디어 등 분야(약 15만 개, 약 2.1%), (5) 법률 분야(11만 개, 1.5%)의 순이었다.

한국고용정보원(2016)은 기술 발달(자동화)로 인한 일자리의 대체 위험률을 동작의 정교성, 일하는 공간의 크기, 창의력, 예술성, 사람들과의 소통과 협상, 설득 필요 여부, 서비스 지향성 등을 주요 변수로 하여 추정했다. 그 결과, 2025년 경에 우리나라 전체 취업자 2,560만 명의 70%를 웃도는 약 1,800만 명 정도가 고용 위험에 노출될 것으로 예상하였다. 이 중에서도 특히 단순 노무직의 경우는 90% 이상이 영향을 받을 것으로 나타났다.[15] 이처럼 직업 기반 접근법을 사용한 연구들은 인류의 일자리가 기계의 발달로 인해 광범위하게 대체될 것이고, 그 결과는 매우 비관적이리라고 예측하고 있다.

직무 기반 접근법

앞서 소개한 직업 기반 접근법(Occupation-based Approach)에는 기술 발전의 영향이 어떤 하나의 직업 자체를 완전하게 대체할 수 있을 것이라는 가정이 깔려 있다. 그래서 이 분석법을 사용하는 연구들은 주로 몇 개의 직업이 사라질 것인지, 살아남을 직업들은 어떤 것들이 있는지에 관한 예측 등을 시도한다.

그러나 직무 기반 접근법(Task-based Approach)은 기계가 직업을 완전히 대체하는 것이 아니라, 하나의 직업이 수행해야 하는 특정한 직무를 일정 부분 대체하거나 보완할 것이라고 가정한다. 다시 말해서 직업 자체에는 미미한 정도의 영향을 미치는 데 그칠 것이라고 보는 것이다. 따라서 예측의 결과도 기계가 직무에 어느 정도의 영향을 미칠지 인간의 노동을 어떻게 보조할지를 겨냥하고 있다.

이러한 낙관적 예측의 반격은 2016년 발표된 아른츠와 그의 동료들(Arnz et al., 2016)의 OECD 보고서에서 시작되었다.[16] 직업 기반 접근법에 의한 분석 결과들이 기계에 의한 일자리의 대체율을 과대 추정하였을 가능성을 제기한 것이다. 아른츠와 그의 동료들(2016)은 '자동화와 디지털화가 인간의 일자리가 줄어든 세상을 만들고 있다'는 끊임없는 논쟁이 프레이와 오스본(2013)의 연구에 의하여 비롯되었다고 지적하였다.

아른츠와 그의 동료들(2016)은 프레이와 오스본(2013)[17]

의 직업 기반 분석이 과잉 추산(Overestimation)되었을 가능성을 제기했다. 그 이유는 컴퓨터에 의해서 대체될 것이라고 예측되는 직업들의 상당수가 대면을 통한 상호 작용(Face-to-face Interaction)과 같은 업무들을 수행해야 하는데 이런 직무들을 자동화나 기계화로 완벽하게 대체한다는 것은 상당히 어려운 일이기 때문이다.

따라서 기술 발전이 한 직업에 영향을 미친다고 하여도, 그 직업과 관련된 모든 직무들이 기계로 대체될 수 있는 것이 아니기 때문에 그 직업은 사라지지 않고 여전히 존재하게 된다는 것이다.

아른츠와 그의 동료들(2016)는 직업이 아닌 직무를 기준으로 하여 OECD 21개 국가의 여러 직업들이 자동화될 가능성을 분석하였는데, 사라질 것으로 예상되는 직업은 단 9%에 그쳤다. 확 달라진 예측이 나온 것이다. 결과적으로 그들은 일자리에 대한 기술 발전의 위협이 프레이와 오스본(2013)의 분석에서 제시된 것처럼 심각한 수준은 아니라고 주장하였다. 이러한 수치는 각 나라마다 차이가 있었으며, 우리나라는 6%로 가장 낮았던 반면, 독일과 호주에서는 12%로 그 수치가 가장 높았다.

예측치가 나라마다 다른 이유는 작업 현장의 자동화 수준과 직업 현장 조직, 그리고 근로자에 대한 교육의 차이가 있기 때문인 것으로 보인다. 특히 우리나라의 경우는 이미 많은 산업이 자동화되어 있기 때문에 기계로 인한 영향이 그렇지 않은 다른 나라들에 비하여 상대적으로 낮게 나타난 것으로 볼 수 있다.[18] 다행스럽게도 직업 기반 접근법에 의한 분석 결과처럼 50%에 근접하는 높은 대체율은 나타나지 않았다.

지금까지 기술 발전이 일자리에 미치는 영향을 다룬 직업 기반 접근법과 직무 기반 접근법을 살펴보았다.

전자는 기술 발전이 일사리에 매우 폭넓고도 심각한 부정적 영향을 미칠 것임을 예측하고 있는 반면, 후자는 전자의 예측이 과잉 추산된 것이며 기술 발전의 부정적 영향이 크지 않을 것이라고 보고 있다. 두 가지 관점이 서로 다른 결과를 제시하고는 있지만, 기술 발전이 인류의 미래 일자리에 어떠한 형태로든 변화를 예고하고 있다는 점에서는 이견이 있을 수 없다.

특히 남아있는 일자리를 차지하기 위한 경쟁은 더 가혹해질 것이다.

06.
히어로는 우리의 일자리를 위협할까?

[통계청의 〈2021년 농림어업조사〉[19] 결과에 따르면 우리나라 농가 인구는 221만 5천 명, 어가는 9만 4천 명, 임가는 21만 9천 명이다. 이 중에서 60세 이상의 고령 인구의 비율은 농가가 46.8퍼센트, 어가가 40.5퍼센트, 임가가 44.2퍼센트에 달한다. 이들은 주로 전국의 농어촌에 거주하는데, 이 마을들 중 70퍼센트 정도는 종합 병원까지 자동차로 30분 이상을 가야 한다.[20]]

미래형 간호 로봇

상급 의료 기관이 없는 농어촌 지역의 거주민들은 중증 질환 진료를 위해서는 가까운 도시나 서울까지 이동해야 한다. 만일 응급 상황이 발생한다면 병원이 멀리 떨어져 있기 때문에 생명을 살릴 수 있는 골든 타임을 놓칠 수도 있다. 농어촌의 거주자 절반 이상이 고령자라는 현실은 특히나 더욱 염려스러운 부분이다.

그러나 만일 지금 소개하는 '미래형 간호 로봇'이 상용화된다면 더 이상 이런 걱정은 필요 없을 것이다.

이 간호 로봇에는 초음파, MRI, 엑스레이, CT 등 온갖 의료 기능이 탑재되어 있으며, 스캔 하나로 우리 몸의 체온, 혈압, 당뇨 수치, 체지방, DNA 등 웬만한 기초적 신체 분석을 끝마친다. 심지어 피 한 방울 뽑지 않고도 혈액형과 암을 진단할 수 있다. 육체적인 질병뿐만 아니라 감정이나 기분 등 정신적 상태도 정확히 진단하고 이상이 발견될 경우 맞춤 치료약까지 즉석 제조하여 "약 드실 시간입니다." 하고 가져다 준다. 유전자 분석에 따른 맞춤 약이기 때문에 부작용이나 알레르기 Allergy 반응도 걱정할 필요가 없다.

교통사고와 같은 응급 상황에서는 에어백처럼 사람을 보호하고, 사고 현장에서 즉시 부상자 치료까지 가능하다. 비행 기능까지 있어서 급할 땐 환자를 직접 수송할 수도 있다. 태양열로 충전되기 때문에 연료나 전기료 걱정도 필요 없다.

히어로의 등장

만일 오늘 저녁 8시, 홈 쇼핑에서 이 '미래형 간호 로봇'을 판매한다면? 가격이 얼마나 될지는 상상도 할 수 없지만, 혹시 자동차 한 대 값 정도로 일반인에게 보급된다면, 나는 멀쩡한 내 차를 팔아서라도 구입하고 싶다. 나를 위해서 그리고 가족을 위해서 구매를 망설이지 않을 것 같다. 휴대폰으로 결제 비밀번호를 누르는 손가락은 좀 떨리겠지만. 유난히 병치레가 잦은 우리 가족에게 간호 로봇은 구세주가 될 것이다.

지금까지 소개한 이 간호 로봇! 많은 분들은 이미 알고 있다. 눈사람같이 하얀 몸, 까맣고 동그란 눈, 이름은 <베이맥스>, 2015년 개봉된 애니메이션 <빅 히어로>의 주인공이다.

베이맥스가 홈 쇼핑에 등장한다면, 이 히어로를 안 사고 배길 재간이 없다. <베이맥스>는 우리가 평생 지불하는 진료비나 약값, 대기 시간, 병원 왕복 시간, 여러 경비를 절약할 수 있게 하고, 검사 결과를 기다리며 받는 두려움과 스트레스를 해결해 줄 수 있다.

이 로봇은 환자 본인뿐만 아니라, 간호를 전담해야 하는 가족들에게도 큰 힘이 되어 줄 것이다. 보호자가 환자를 맡겨 놓고 잠시 외출한다 해도, 간호 로봇이 있는 한 보호자들은 더 이상 불안에 떨 필요가 없다. 혼비백산해서 응급실을 찾는 일도 줄어들 것이다.

산골 마을이나 외딴섬에서 마을 주민들을 위해 공용으로 하나씩 갖춰 놓는다면 비상시에도 신속하게 대응할 수 있을 것이다. 물론 병원에서도 간호 로봇이 적지 않은 활약을 펼치게 될 것이다. 만일 응급실에 갑자기 많은 사람들이 몰려들어서 의사도 의료인들도, 환자도 힘든 그런 상황에서 저런 히어로 하나 있으면 얼마나 상황이 달라질까 상상해 본다.

위기 또는 기회의 히어로

그러나 이런 상상이 현실이 된다면 모두에게 이익일까? 이 하얀 히어로가 실제로 홈 쇼핑에 등장한다면 수많은 의료계 종사자들의 일자리는 어떻게 될까.

안타깝게도 약사, 간호사, 의사는 물론이고, 병원에 근무하는 많은 인력들의 일자리가 타격을 받게 될 것이다. 의료 행위의 상당 부분을 간호 로봇이 대체할 수 있기 때문이다. 타격은 의료인에게만 해당하는 것이 아니다. 병원의 인력이 줄어들면 이들을 대상으로 운영되던 식당이나 근처 상권들도 흔들릴 수밖에 없다.

그러나 병원 측에서는 간호 로봇을 활용하면 엄청난 인건비를 줄이게 된다. 간호사들은 교대 근무를 해야 하지만, 간호 로봇은 24시간 365일 일할 수 있다. 초음파나 MRI 장비 제조 회사와 직원들은 간호 로봇에 쓰일 장비를 제작하느라 전례 없이 바빠질지도 모르겠다.

현재까지는 어디까지나 애니메이션 속 이야기지만, 이런 로봇이 등장하지 않을 것이라고 장담할 수 없다. 그리고 그런 일이 실제로 일어난다면, 관련 산업의 기반과 일자리는 뿌리째 흔들릴 것이다. 승자와 패자는 극명히 갈릴 것이다. 절망하는 쪽이 내가 아닐 것이라고 안심할 수는 없다.

기술의 획기적인 변화가 이룩할 미래가 우리의 일자리에 어떤 식으로 영향을 미치게 될지는 아무도, 정확하게 예측할 수 없다. 그렇기에 우리는 인간의 일자리가 흔들리는 시대에, 변하지 않는 나만의 가치를 어떻게 지켜낼 것인지, 기계에 대체되지 않고 경력적 성공을 이어가기 위해서 무엇을 해야 하는지, 어제까지 최고라고 믿어 왔던 능력이 내일의 우리에게도 최선일지에 대한 심각한 고민을 외면할 수 없다.

2부 | 소프트 스킬, 왜 당신의 핵심 경쟁력인가

[우리는 경력적 성공을 염원한다. 그냥 살아남는 것에 만족하지 않고 조직에서 성공하고 싶어 한다. 그런 우리에게 필요한 스킬은 무엇일까?]

3장

하드 스킬에서 소프트 스킬로

07.
우리가 소프트 스킬에 주목해야 하는 이유

[그러나 나는 기계와의 싸움에서 우리가 진정으로 관중석에 앉아 있는 구경꾼이 맞는지 묻고 싶다.]

기계와의 싸움, 구경꾼은 없다

사람들은 확실히 싸움 구경을 좋아한다. 싸움판만 벌어지면 수많은 군중들이 몰려들어서 열광한다. 싸움의 주체는 소, 개, 귀뚜라미, 닭, 그리고 인간까지, 무척 다양하다.

이제는 유명한 로마의 관광지가 되어 버린 콜로세움은 사실 인간과 인간, 인간과 맹수가 서로를 죽이는 잔혹한 싸움들이 벌어졌던 싸움판이다. 고대 로마의 황제와 귀족들, 그리고 수만 명의 관중들은 피와 살이 튀는 순간을 열광하기 위해서 거대한 콜로세움을 가득 메웠다. 싸우는 이유는 단순했다. 원초적 쾌락. 승자를 향해서 환호하던 군중들은 바닥에 쓰러져 피를 뿜어대던 패자에게는 무관심했을 것이다.

무수한 세월이 흐른 지금, 급기야 인간과 기계의 싸움도 매력적인 구경거리가 되었다. 2016년 3월 9일 시작된 이세돌 9

단과 AI 알파고의 바둑 대국은 첫날인 3월 9일의 순간 최고 시청률이 6.8%(KBS2TV), 둘째 날인 10일은 10.87%(SBS TV)까지 치솟았다.[21] 사람들은 저마다 승자를 예상하면서 인간과 기계의 대결을 숨죽이며 지켜봤다. 결과는 AI 알파고의 승리였다.

이제 기계가 인간보다 더 많은 지식과 정보를 더 빠르고 정확하게, 완벽에 가깝게 처리하는 능력을 정복했다는 사실은 더 이상의 반박이 불가한 팩트가 되었다. 물론 기계와 인류의 대결은 단 하나의 대결로 승패가 판가름 날 수 없는 싸움이다. 하지만 이 싸움은 지구상의 수많은 사람들이 한날한시에 인류의 미래 생존과 경쟁력을 염려하는 또 하나의 계기가 되었다.

기계가 인간을 이미 앞서고 있다는 불안감과 기계에게 인류의 미래가 위협받고 있다는 공포가 빠르게 번지기 시작했다.

세기의 대결이라는 이세돌과 알파고의 싸움을 우리는 그저 구경꾼으로서 관람했다. 그러나 나는 기계와의 싸움에서 우리가 진정으로 관중석에 앉아 있는 구경꾼이 맞는지 묻고 싶다. 구경꾼이 아니라 오히려 싸움판에 내던져진 선수라는 사실을 받아들여야 하지 않을까. 그리고 자신의 장점을 살리고 약점을 보완해 가며, 조용히 다음 경기를 준비해야 한다고 생각한다.

2차전 시작

지금까지의 싸움은 하드 스킬을 중심에 놓고 인간과 기계가 누가 더 잘하나를 겨루는 식이었다. 그 결과, 인간보다 하드 스킬이 뛰어난 기계는 인간의 일자리를 잠식했고, 주로 단순하고 반복적인 노동을 하는 사람들이 커다란 위협을 받아왔다.

이것은 1차전이었고, 하드 스킬의 싸움이었다.

하지만 2차전은 다르다. 종목과 대상에 변화가 올 것이다. 싸움의 영향이 단순하고 반복된 직무를 수행하는 일자리뿐만 아니라 복잡하고 창의적 직무를 수행해야 하는 사무직, 고도화된 지능이 필요하다고 믿어왔던 전문직으로까지 번질 것이다. 즉, 하드 스킬 싸움에 머무르는 것이 아니라 점차 소프트 스킬 싸움으로 번질 가능성이 다분하다.

이것이 바로 당신이 소프트 스킬에 주목해야 하는 이유다. 소프트 스킬은 기계에게는 불가한 영역이고, 인간에게는 익숙하며 고유한 영역이라고 여겨져 왔지만, 그렇다고 무조건 인간이 우세한 것은 아니다. 하드 스킬을 카피한 것처럼, 기계는 공감 능력이나 창의력 같은 인간 고유의 영역에도 끊임없이 도전장을 내밀고 있기 때문에 언젠가는 인간 고유의 영역이 허물어질지도 모른다.

그리고 인간 고유 영역에 대한 기계의 침투가 시작되었다는 사실은 우리 중 그 누구도 싸움을 피할 수 없다는 의미로 볼 수 있다. 특정 직업이나 직무에 대한 영향으로 인해서 일자리 몇 개가 사라지고 남는 것의 문제를 벗어나서, 모든 일자리에 영향을 미칠 수 있다는 말이다.

인간이기에 구현이 가능했던 고유의 스킬에 대한 싸움이 시작되었다. 그러므로 우리는 모두가 싸움의 당사자가 되었고, 이제 링 위로 올라가 싸워야 하는 순간이 다가오고 있다.

08.
경쟁의 승패를 가르는 기준은 무엇인가

> [일자리 경쟁의 승패는 각 조직의 요구에 알맞은 능력, 즉 적절한 스킬 Skill(무언가를 잘하는 능력, 기술 The ability to do something well)에 달려 있다.]

  일자리는 태어날 때 정해지지 않는다. 만일 그랬다면 우리 삶은 지금보다는 훨씬 많이 단순했을 것이다.

  마치 주어진 숙명처럼 우리 모두는 막연하게 자신에게 맞는 일자리를 찾고, 자신을 그 일자리에 맞추기 위해 노력하고, 셀 수 없이 많은 시험과 면접을 거쳐서 마침내 자신과 맞는 일자리를 얻는다.

  그러나 일자리란 누구나 원한다고 해서 가질 수 있는 것이 아니기 때문에, 일자리를 놓고 펼치는 치열한 경쟁은 우리에겐 그저 당연한 일이다. 그래서일까, 일자리 경쟁의 승리는 늘 우리의 목표였다. 우리가 거쳐 온 길고 길었던 학습의 과정이 모두 그 일자리 하나를 얻기 위한 준비 과정이었을지도 모른다.

적절한 스킬

과연 경쟁의 승패를 가르는 기준은 무엇일까?

'일자리를 얻는다'는 의미에서 그 해답을 찾아볼 수 있다. 창업을 제외한다면 일자리를 얻는다는 것은 개인이 어떤 한 조직 Organization에 들어가서 조직 목표를 실현하기 위해 필요한 다양한 업무를 효율적으로 처리하는 것을 말한다. 물론 이것을 위해서 개인은 자신이 원하는 일자리에 필요한 역량을 갖추는 것이 가장 중요하다. 따라서 업무를 수행할 능력이 없는 사람은 일자리를 얻지 못하거나, 설령 얻었다고 해도 지키지 못할 수도 있다.

개인에게 주어지는 업무는 다양하다. 작은 식당이나 식품 공장, 의류 회사 같은 조직들은 저마다 목표가 다르고, 각 조직 내에서도 일자리나 직책에 따라 요구되는 역할과 업무가 천차만별이다. 취업 후에 교육을 통해서 조직이 요구하는 역량을 갖출 수 있지만, 조직의 입장에서 그것은 많은 자원(시간과 비용)이 소모된다. 만일 이미 그 자격을 갖춘 사람을 선택한다면 지불하지 않아도 될 비용인 것이다.

그렇기 때문에 조직은 누군가를 고용할 때, 적절한 능력을 이미 갖추고 있는 사람을 선호한다. 의류 판매점에서는 판매 경험, 게임 회사에서는 코딩 능력이 뛰어난 지원자를 뽑을 것이다. 다시 말해서 일자리 경쟁의 승패는 각 조직의 요구에 알맞은 능력, 즉 적절한 스킬 Skill(무언가를 잘하는 능력, 기술 The ability to do something well)에 달려 있다.

그러나 우리가 바로 그 적절한 스킬을 갖추는 것이 말처럼 쉽지는 않은데, 그 이유는 조직의 방대한 다양성과 변화 때문이다. 특히 급속한 기술 Technology의 발달로 인해서 조직의 변화 속도가 너무 빨라진 현재 세상에서는 적절한 스킬을 갖추는 것이 예전보다 훨씬 더 어려워졌다. 일자리마다 필요한 스킬이 너무나도 다양할 뿐만 아니라 조직과 직업, 필요한 스킬도 계속 변화하기 때문이다.

안타깝게도 미래에는 훨씬 더 어려운 스킬이 우리에게 요구될지도 모른다. 쉽고 간단한 작업들은 기계 차지가 되어 버리고, 온통 까다롭고 어려운 일들만 인간에게 떠넘겨질 수도 있기 때문이다.

하드 스킬, 소프트 스킬

스킬에 의해서 일자리 경쟁의 승패가 갈릴 만큼, 현대 사회의 생존에서 스킬은 중요한 부분을 차지한다. 그런데 스킬의 종류는 수도 없이 많아서, 우리가 모든 스킬을 정확히 정의하고 이해하는 것에는 한계가 있다. 하지만 그중에서도 우리에게 중요한 스킬은 조직에서 맡은 직무를 잘 수행하는 것과 직접적으로 관련된다. 우리는 이 부분에 초점을 맞출 것이다.

조직에서 필요로 하는 기술, 즉 일자리에서 필요한 기술을 크게 '하드 스킬'과 '소프트 스킬'로 구분할 수 있다.[22]

하드 스킬
대표적인 하드스킬(Hard Skill)은 우리가 이제까지 교육 기관을 통해서 배우고 익혔던 것들이다.[23] 초등학교에서 수학 시간에 배웠던 사칙 연산이나 구구단, 교과 내용들, 달리기나 한글 타자, 컴퓨터 프로그래밍, 특정한 기계 작동법, 운전 기술뿐만 아니라 다양한 자격증을 통해서 검증할 수 있는 대부분의 눈에 보이는 역량 등이 여기에 해당한다.

하드 스킬은 가르치고 배우는 것이 비교적 용이하고, 고용 측면에서 요구되며, 일반적으로 교육 환경, 직무 경험, 면접 등의 과정에서 수량화하거나 측정할 수 있다.[24] 즉, 점수나 등급같이 그 능력을 충분히 가시화할 수 있고, 다른 사람들의 능력과 자신의 능력을 비교할 수도 있다.

소프트 스킬
소프트 스킬(Soft Skill)은 이력서보다는 자기소개서에 작성하는 것이 더 어울릴 것 같은 능력이다. 예를 들면, "저는 A

학교를 나왔고, B를 전공했습니다. C자격증을 갖고 있으며, D업무를 수행할 수 있습니다."에 해당하는 것은 하드 스킬이다. 반면 "저는 주위 사람들과 금방 친해질 자신이 있습니다.", "저는 내성적이지만 다른 사람들의 문제나 고민거리를 공감하는 데 매우 뛰어납니다."라고 하는 것은 소프트 스킬이다.

이것은 다른 이와 나의 관계를 형성하는 데 영향을 미치는 기술이며, 이에 따라 신뢰할 수 있는 관계, 좋은 관계, 껄끄러운 관계, 피하고 싶은 관계, 스트레스를 주는 관계, 도움이 되는 관계 등이 형성된다. 바꿔 말하면, 당신의 소프트 스킬에 의해서 당신이 까다로운 사람, 말이 통하지 않는 사람, 같이 일하기 싫은 사람, 힘이 되는 사람인지의 여부가 결정된다는 이야기다.

소프트 스킬은 기술적 스킬(Technical Skills)이나 지식의 적용을 돕는 내면적 기술과 대인관계 기술을 말한다.[25] 또한 성격적 특성들, 태도, 행위와 관련되는 비기술적 기술[26]과 개인의 역량, 행동, 태도 및 특정한 자질을 의미하기도 한다.[27] 당신의 기술적인(Technical) 적성이나 지식과는 다르게 경력적 속성의 조합, 또는 직관, 학습, 유연함과 같이 다른 이들과의 소통을 돕는 인간적인 기술이며, 조직에서 주어진 직무를 잘 수행하는 데 도움이 되는 비기술적 기술(Non-technological Skills)로도 불린다.[28]

특히 소프트 스킬이 뛰어난 사람들의 경력 개발과 성공 측면에서 꽤나 흥미로운 점들이 발견된다. 소프트 스킬이 뛰어난 이들은 고용 가능성이 더 높고, 더 생산적이며, 더 오래 직장 생활을 유지하며, 승진도 더 잘하고, 임금도 더 높다.

예를 들면, 더 열심히 취업 공고를 찾고, 면접에서 최선을 다해 대답하고, 자신의 열정을 어필하는 것도 일종의 소프트 스킬인데, 이것이 뛰어난 젊은 인재들은 직업 탐색이나 인터뷰에서 보다 효과적으로 대응한다. 그리하여 이들의 고용이나 경력적 성공의 가능성이 그렇지 않은 사람들보다 더 높은 것이다. 또 이들은 집단 효율성, 생산성, 기업 성장에도 더 많이 공헌하며, 창업에 성공할 확률도 훨씬 더 높은 것으로 나타났다.[29]

그렇지만 소프트 스킬은 능력치를 증명하기가 상당히 까다롭고, 수치화하는 것은 더욱더 어렵다. 기계를 통해서 검증하는 것보다는 사람 사이에 섞여서 겪어 봐야 비로소 제대로 알 수 있기 때문에 검증하는 데 시간이 걸린다.

고용주의 입장에서는 뽑아 놓고 나서야 지원자의 성격적 특성이나 직업윤리, 감성 지능 등을 면밀히 그리고 제대로 알 수 있다는 것이고, 지원자 입장에서는 조직 생활을 충분히 거친 후에야 고용주의 리더십이나 동료들의 특성, 팀워크 등을 확인할 수 있다는 말이다.

직접 부딪치기 전까지는 확인할 방법이 없다는 점은 고용하는 입장에서나 지원자의 입장에서도 꽤 까다로운 부분임이 틀림없다.

소프트 스킬의 시대

과거에는 교육 기관을 통해 획득한 하드 스킬과 직무 경험 등이 고용과 경력 성공을 결정하는 핵심적 요인으로 간주되었다. 하지만, 현재는 하드한 역량만으로는 충분하지 않다. 오히려 뛰어난 소프트 스킬을 갖춘 인재를 선호하는 기업들이 점점 더 늘어나고 있는 추세다.[30]

하드 스킬과 소프트 스킬은 상호 보완적이며,[31] 특히 소프트 스킬은 하드 스킬이 충분히 발휘될 수 있도록 돕는다.[32] 특히 고용 시장에서 서비스 업종의 비중이 커지면서 대인관계 능력 같은 소프트 스킬은 조직의 목표 달성에 직접적으로 영향을 미치는 요인으로 그 중요성이 점점 더 부각되고 있다. 또한 우리가 앞서 살펴본 바와 같이 기계의 발전으로 인해서 인간의 역할과 업무가 달라지게 되는 것도 소프트 스킬을 더욱 인간의 중요한 핵심 역량으로 인식하게 한다.

유명한 채용 사이트인 링크드인 Linked-in에 의하면 지구에서 쓰이는 스킬의 종류는 최소 50,000개 이상이다.[33] 이 중에서 소프트 스킬이 차지하는 비중은 하드 스킬에 한참 모자란다. 연구자에 따라서 200개 정도로 세분화하기도 하지만, 일반적으로 사람들이 알고 있는 소프트 스킬의 종류는 그에 훨씬 미치지 못할 것이다.

비록 비중은 작지만, 기업의 인재 채용을 결정하는 요인으로서 중요도 면에서 본다면 소프트 스킬은 하드 스킬에 밀리지 않는다. 오히려 최근에는 고용 Employment의 강력하고 결정적인 요인으로 더욱 부상하고 있는 것처럼 느껴진다.

# 4장

성장과 성공을 위한 스킬 큐레이션

09.
구인 광고 속에 숨겨진 성공 시크릿

[급속한 기술 발달이 가져온 수많은 변화 속에서, 오히려 인간들은 점점 더 서로 간의 소통을 중시하는 방향으로 변화해 왔다는 것이다.[34]]

　구인 광고에 담긴 내용들에는 어떤 의미가 숨어 있을까? 우리는 쉽게 알 수 없다. 보통은 고용주가 원하는 지원자의 기술과 자격, 연봉, 맡게 될 업무, 근무할 장소와 같은 단순한 정보가 전부다. 그런데 하버드 대학교의 데이비드 데밍 교수는 일견 단순해 보이는 이 자료들을 새로운 시각으로 바라봤다.

미래 조직이 요구하는 스킬을 알 수 있을까

　2017년, 하버드 대학교의 데이비드 데밍 David J. Deming 교수는 새로운 미래에 조직은 어떤 스킬을 요구하는가에 관한 흥미로운 연구(2017)를 진행했다. 그것은 2010년에서 2015년 사이 기업들의 구인 광고에 등장하는 키워드 분석을 통하여, 직업별 임금과 고용의 시대적 변화와 함께 기업들이 선발하고자 하는 인재들에게 요구되는 핵심 스킬을 규명하는 것이었다.

그는 소프트 스킬을 다루는 직업들과 하드 스킬을 다루는 직업들의 가치가 15년에 걸쳐서 어떻게 달라졌는가를 연구하였다.

분석 결과, 임금이 높고 성과가 좋은 기업일수록 지원자들에게 높은 수준의 인지적, 사회적 기술을 같이 요구한다는 사실과 함께, 소프트 스킬의 중요성이 점점 더 커져간다는 사실이 확인되었다. 놀랍게도 개인의 하드 스킬보다는 소프트 스킬의 중요도가 지금껏 지속적으로 확대되어 왔으며, 앞으로도 계속 증가할 것으로 나타났다.[35]

데밍 교수가 참여한 데밍과 칸(Deming, D., & Kahn, L. B. 2017)의 연구에서는 1980년부터 2012년에 걸친 다양한 직업의 임금과 고용 변화를 분석하였고, 이번에는 소프트 스킬 중 사회적 스킬 Social Skills과 같이 인간 고유 스킬의 중요도가 높은 직업들은 지속적으로 임금 상승과 안정적 고용 상태를 유지해 왔지만, 단순한 수학적 능력과 같은 하드 스킬이 요구되는 직업들은 자동화 기계로 대체되는 등 부정적이고 불안정한 변화를 겪고 있다는 사실도 확인했다.[36] 이에는 대표적으로 은행원이나 통계 관련 직업들이 포함된다.

실제로 우리 주변에서도 이런 변화는 쉽게 확인할 수 있다. 특히 스마트폰 어플의 등장으로 은행 업무뿐만 아니라, 여러 관공서에 직접 가서 해결해야 하는 문서 업무들도 손안에서 간단히 해결할 수 있게 되었다. 데밍 교수의 연구 결과를 종합해 보면 소프트 스킬이 뛰어난 사람들의 일자리가 하드 스킬이 뛰어난 사람들의 일자리보다 더욱더 안정적인 일자리로 자리 잡아가고 있음을 알 수 있다.

그의 연구가 우리에게 던지는 메시지는 명확하다. 조직 내 소프트 스킬의 요구가 더 증가하고 있다는 사실과 노동 시장에서의 성과에 소프트 스킬이 중요한 영향을 미칠 것이라는 점이다.

기술 발달의 아이러니

세상의 발전과 더불어 새로운 기술들이 조직에 필요할 것으로 보이지만, 데밍 교수의 연구 결과는 오히려 개인에게 요구되는 기술은 점점 더 인간의 상호 작용(Interactions)을 중시하는 방향으로 변화하고 있다는 점을 증명한다. 급속한 기술 발달이 가져온 수많은 변화 속에서, 오히려 인간들은 점점 더 서로 간의 소통을 중시하는 방향으로 변화해 왔다는 것이다.[37] 특히 조직 내에서 다양성(Diversity)이 증가하면서 구성원 간의 상호 작용에 대한 중요성은 과거 어느 때보다 주목받고 있으며, 세상의 변화는 역설적으로 인간적인 기술의 필요성을 증가시키고 있다고 주장한다.

한편 데밍 교수는 소프트 스킬의 중요성을 이해하려면 조직을 둘러싸고 있는 환경적 변화부터 먼저 이해해야 한다고 강조한다.

조직의 환경 변화를 주도하는 것은 세계화(Globalization)와 기술 발달(Technological Development)과 같은 요인들인데, 특히 4차 산업혁명으로 인한 급속한 기술 발달을 들 수 있다.

이렇게 급속히 변화하는 환경 속에서는 조직 내부, 외부적 요인에 의해서 조직이 필요로 하는 기술도 같이 변화한다. 이에 따라 조직은 구성원들에게 조직의 목표를 실현하기 위해서 필요한 새로운 기술의 습득을 끊임없이 요구한다.

이때 개인이 가지고 있는 역량, 기술은 그 사람의 고용 가치를 결정짓는 중요한 요인이 될 수밖에 없다. 그렇기 때문에 구직자뿐만 아니라 재직자들도 기술의 변화뿐만 아니라 자신이 원하는 직업과 기술의 매치 상태를 끊임없이 확인하고 이를 따라잡으려는 노력을 멈추어선 안된다.

이것이 바로 자신의 핵심 역량을 결정짓기 때문이다. 그래서 우리는 미래의 기술, 미래 조직 구성원에게 요구되는 기술은 무엇인가에 관하여 관심을 가져야 한다.

10.
세 가지 보틀넥이 당신에게 전하는 힌트

[보틀넥(병목, Bottleneck)이란 갑자기 좁아져서 내부의 내용물이 한꺼번에 쏟아지지 못하게 되는 지점, 즉 일종의 걸림돌로 작용하는 지점을 일컫는다. 한꺼번에 빠르게 쏟아져 나오던 고속도로의 자동차들이 요금소를 지나기 위해서 정체되는 것도 바로 요금소가 보틀넥으로 작용하기 때문이다. 이런 현상은 일명 '병목 현상'으로 불린다.]

기계가 카피할 수 없는 인간 고유의 영역

기계는 인류가 지닌 능력을 끊임없이 카피하면서 사람이 해오던 직무를 대신 수행하고 놀라울 정도로 생산성을 향상해 왔다.

그렇지만 기계가 인간의 모든 업무를 대체하는 것은 불가능에 가까운 일이었다. 따라서 여전히 인간 고유의 영역은 남아 있고, 기계는 특정한 직무 또는 직업을 대체하며 인간과 공존해 오고 있다.

인류는 어떻게 기계의 공세를 버텨내며 인간의 고유한 영역을 지킬 수 있었던 것일까? 기계가 인간의 능력을 모두 또는 완전히 카피할 수 없는 이유는 기계가 극복할 수 없는 보틀넥의 존재 때문으로 볼 수 있다.

프레이와 오스본(Frey&Osborne, 2013)[38]에 의하면 인간에게는 컴퓨터가 대체할 수 없는 세 가지 보틀넥 Three Bottlenecks이 있다. 비록 기계가 인류의 지능과 직무 스킬 등을 놀라운 속도로 뛰어넘으며 인류의 일자리를 차지하고 있지만, 다행스럽게도 인간에게는 그들이 완전하게 인간을 대체할 수 없도록 막는 걸림돌, 보틀넥이 있고, 이것 때문에 사람의 특정 능력은 기계가 사용하는 코드, 즉 규칙이나 알고리즘으로 프로그래밍될 수 없다는 것이다.

그들이 주장하는 컴퓨터가 대체할 수 없는 세 가지 보틀넥은 다음과 같다.

- ■ 인식과 조작 능력(Perception and Manipulation)
- ■ 창의력(Creative Intelligence)
- ■ 사회적 지능(Social Intelligence)

1) 인식과 조작 능력(Perception and Manipulation)

정교한 손가락 조작이나 손재주를 활용하거나 비좁은 공간에서 오랫동안 작업할 수 있는 능력으로 다음의 세 가지 속성으로 구분할 수 있다. 손가락 조작(Finger Dexterity)은 매우 작은 물체들을 잡고, 조작하고, 조립하기 위해서 한 손 또는 양손 손가락들의 정교하게 조합된 움직임들을 만들어 내는 능력이다. 손재주(Manual Dexterity)는 잡고, 조작하고, 조립하기 위해서 손이나 팔을 빠르게 움직일 수 있는 능력이다. 마지막으로 비좁은 공간에서 불편한 자세로 얼마나 자주 작업할 수 있는가의 여부도 중요하다.

기계는 무수히 많은 명령어에 의해서 사전에 프로그래밍된 대로 명령을 수행한다. 그러나 만일 무한에 가까운 불규칙이 존재해서 예측이 불가능하다면 기계화할 수 없다. 오작동이나 오류로 인한 위험이 우리에게 커다란 손해를 끼치거나 안전을 위협할 수도 있기 때문이다. 그러나 인간에게는 인식과 조작 능력이 있다. 이것은 정확한 가이드라인이 주어지지 않는 환경에서도 일의 순서나 중요도를 판단하고, 작업할 수 있는 인간 고유의 능력이다. 기계는 사전에 준비된 상황이 아니라면 스스로 이런 판단을 내릴 수 없다.

2) 창의력(Creative Intelligence)

창의력은 독창성과 순수 예술이라는 측정 속성으로 설명할 수 있다. 먼저 독창성(Originality)은 특정 상황, 주제에 있어 독특하거나 멋진 아이디어를 도출하는 능력 또는 문제를 해결하기 위해서 창의적인 방법을 개발하는 능력을 말한다. 즉, 새로운 아이디어를 떠올리고, 정해진 길이 아니라 창의적인 생각에서 답을 찾는 능력으로 볼 수 있다. 우리가 누리는 인류의 문명이나 발달도 결국은 새로운 것, 없는 것을 시도하려고 했던 창의력의 결과물로 볼 수 있다. 그리고 순수 예술(Fine Arts)은 음악, 춤, 미술, 드라마, 조각 등을 만들고 수행하는 데 요구되는 기술 및 이론적 지식을 의미한다.

이 두 가지가 조합된 창의력의 가치는 프레이와 오스본이 참여한 배크시 외(Bakhshi et al., 2015)[39] 의 연구에서 뚜렷이 나타난다. 이 보고서는 기계가 인간의 일자리를 잠식할지도 모른다는 두려움이 팽배해지는 상황에서 이에 맞설 인간의 가장 강력한 강점으로 창의력을 주목하였다. 그들은 영국과 미국의 직업들을 창의적 직업과 비창의적 직업으로 나눠서, 각 그룹의 직무가 기계에 의해 대체될 가능성을 예측했다. 그들이 분류한 창의적인 직업에는 예술가와 건축가, 웹 디자이너, IT 전문가, 공공 관계(Public Relations) 전문가가 포함되었고, 미국 직업의 21%, 영국은 24%가 속했다.

연구 결과, 창의력의 중요도가 매우 높은 비중을 차지하는 직업들은 기계(컴퓨터)에 의해 대체될 위험이 절대적으로 낮았으며, 매우 창의적인 직업으로 분류된 경우는 자동화의 위험이 극히 미미한 것으로 나타났다. 뿐만 아니라 컴퓨터 같은 최신 장비들은 창의적인 노동을 대체하지는 않지만, 인간의 창의적 전문성을 보완하며, 창의적 기술들의 생산력을 높이는 것으로 나타났다. 예를 들어서 새로운 아이디어의 실험에 컴퓨터를 이용하거나, 창의적인 계획들을 가시화하는 식으로 컴퓨터의 과학성과 창의성이 상호 보완하여 시너지를 낼 수 있는 것으로 분석되었다.

3) 사회적 지능(Social Intelligence)

마지막 보틀넥인 사회적 지능은 인간의 사회적 인식 능력, 협상력, 설득력, 그리고 이타심이나 봉사 행위 등으로 측정된다.

사회적 인식 능력(Social Perceptiveness)은 다른 사람의 반응에 대해 인지하고 사람들이 왜 그렇게 행동하는지 이해하는 능력을 말한다. 협상력(negotiation)은 여러 이해관계자과 함께 차이를 조정해 나가는 능력이며, 설득력(Persuasion)이란 다른 이의 생각과 행동을 바꾸도록 설득하는 능력이다. 타인 지원 및 배려(Assisting and caring for others) 능력은 개별적인 도움, 의료 행위, 감정적 지지 등 동료, 소비자, 환자 등을 개인적으로 돌보는 능력을 말한다.

프레이와 오스본(Frey&Osborne, 2013)에 의하면 인간의 이러한 능력들이 규칙이나 알고리즘으로 정의하거나 예측할 수 없으므로 기계가 카피하기 어렵고, 이러한 능력들은 기술 진보에 의한 일자리 대체의 <보틀넥>으로 작용한다. 우리는 이 세 가지 보틀넥을 통해서 기계와의 경쟁에서 무엇이 인간의 강점이 될 수 있는가를 찾아야 할 것이다.

ic # 11.
핵심 역량의 재편, 스킬 큐레이션

[스킬 큐레이션이란 자신의 일자리에 영향을 주는 새로운 변화를 인지하고, 본인의 핵심 역량을 새롭게 재편 Reorganize 하며, 인간 고유 스킬의 비중을 늘리는 것이다.]

새로운 스킬이 필요하다

대부분의 일자리가 변화를 맞고 있다.

기술 하나만으로 안정된 삶을 누리던 시대는 빠르게 저물고 있다. 이 변화는 다수의 우리에게 지대한 영향을 미치며, 때로는 실직이라는 절망적인 선택을 강요하기도 한다. 하지만 우리의 미래는 충분히 달라질 수 있다. 다행히도 우리는 준비할 시간이 있다. 한발 앞서서 변화에 대비를 할 것인지, 아니면 허둥대며 뒤를 쫓을 것인지를 아직은 선택할 수 있다.

주식 트레이더들은 주식 자동화 매매 프로그램에 의해 대체되었고, 전자 제품 회사의 A/S 고객 담당 직원들은 컴퓨터와 컴퓨터 엔지니어들에게 자리를 내어 주었다. AI, 컴퓨터, 자동화 기기 등은 다양한 하드 스킬을 인간보다 더 빠르고 더 정확히 수행할 수 있다. 하드 스킬이 주된 업무인 직업들은 기계로 대체될 가능성이 높다. 그리고 기계 대체는 분명 인류의 일자리 축소와 함께 스킬의 변화를 주도할 것이다. 결과적으로 지금까지 모든 조직, 기업 등에서 요구되었던 스킬들이 앞으로도 변함없이 환영받을 것이라고 확신할 수 없게 되었다. 택배 산업의 변화를 예로 들어 볼 수 있다. 인공지능(AI), 사물인터넷(IOT, Internet of Things), 빅데이터 분석 등을 활용한 스마트 택배 서비스의 도입은 택배를 운반하는데 드는 시간과 운송 비용을 놀랍도록 절감시킨다. 택배 로봇은 택배 상자의 분류와 포장, 상하차 작업뿐만 아니라 배송 서비스에도 사용될 예정이다.[40]

대표적으로 롯데글로벌로지스의 '개미'와 CJ 대한통운의 '스팟'은 자율 주행 소프트웨어를 활용한 4족 보행 로봇으로, 고객의 현관에 택배를 배달하는 업무를 담당하기 위해 빠르면 2025년부터 실무에 투입될 것으로 예상된다. 머지않아 엘리베이터를 타고 공동주택의 초인종을 누르고, 택배를 운반하는 로봇을 가정에서 만나는 일이 현실이 될 것이다.[41]

이런 기계의 발달에 맞추어 택배 기사님의 핵심 역량은 어떤 변화를 맞이하게 될까.

노동력의 비중은 적어지고, 스마트 기계를 이용하는 기술이 중요해질 것이다. 로봇의 보완적 역할이 늘어나면서 로봇을 사용하는 스킬과 스마트 택배 시스템을 이해하는 역량이 택배 관련 직업이 요구하는 핵심 스킬이 될 것이다. 마트의 계산원도, 식당의 종업원도, 공장의 생산직 근로자들도 스마트 시스템에 적응하고 기계와 협업하는 능력이 필수가 된 것처럼 말이다.

이렇게 우리의 일자리를 둘러싼 변화의 바람은 다양한 측면에서 기계와 동행할 수 있는 스킬을 갖추기를 요구하고 있다. 그리고 아이러니하게도, 한편에서는 기계가 대체할 수 없는 인간 고유의 소프트 스킬의 중요성이 한층 더 부각되고 있다.

나에게 필요한 스킬을 찾아가는 과정

만일 당신이 이런 변화에 대비하기로 결정했다면, 당신이 선택할 수 있는 가장 바람직한 방안 중 하나는 새로운 스킬을 익히는 것이다. 결국 일자리는 당신이 무엇을 할 수 있는가, 즉 어떠한 스킬을 가졌는가에 의해 결정되기 때문이다.

새로운 스킬을 얻기 위해서는 먼저 당신만의 스킬을 재편 Reorganize해야 할 필요가 있다. 당신에게 꼭 필요한 스킬을 발견하고 그것을 개발하는 이 과정을 이 책에서는 스킬 큐레이션이라고 한다. '스킬 Skill'은 무언가를 잘 해내는 개인의 능력이며, 큐레이터 Curator에서 나온 신조어인 '큐레이션 Curation'은 뭐든지 너무 많은 종류들이 쏟아져 나오는 요즘 시대에 개개인에게 알맞는 것을 커스터마이즈 Customize[*] 한다는 의미를 담고 있다.

이 '스킬'과 '큐레이션'이라는 두 의미를 합한 '스킬 큐레이션'은 '자신에게 필요한 스킬을 고른다'는 의미의 조합이다.

스킬을 큐레이팅하다

이 개념은 링크드인 Linked-in에서 발견한 것이다. 요즘의 트렌드를 쫓아가기 위해서는 큐레이터처럼 자신의 스킬을 시대에 맞게 선별해야 한다는 글을 읽던 중, '큐레이터 Curator', 이 한 단어가 일자리 전쟁에서 살아남기 위한 우리의 노력과 목표에 찰떡처럼 들어맞는다는 생각이 들었다.

마치 미술관의 큐레이터가 시기마다 적절한 작품을 선별해서 전시하듯, 우리도 주도적으로 자기 자신에게 필요한 스킬을 더하고 더 이상 핵심 역량이 되지 않는 스킬은 골라내는 방식으로 스스로의 역량을 재편할 수 있다면, 우리의 미래 일자리 안정성에 크게 기여할 수 있을 것이다.

---

[*] 개인이나 기업 환경에 맞도록 하드웨어나 소프트웨어 기능을 수정함.

업스킬링? 리스킬링?

많은 조직들이 활발하게 진행 중인 <업스킬링 Upskilling> 또는 <리스킬링 Reskilling> 프로젝트는 이미 스킬 큐레이션을 적용하고 있다.[42] 회사나 조직 차원에서 디지털 시대의 요구에 맞추어 직원들의 직무 관련 능력을 향상하기 위해서, 새로운 스킬을 훈련시키는 것을 <업스킬링 Upskilling>이라고 한다. 예를 들어, 새로운 자동화 기계가 도입되면 이로 인해서 조직 구성원이 담당하던 직무에 변화가 생기게 된다. 이때, 필요한 스킬을 회사가 훈련시키는 것이다.

<리스킬링 Reskilling>은 이와 비슷하지만, 훈련에 따른 재배치를 전제로 한다. 즉, 감원이 요구되는 부서의 직원을 조직 내의 다른 부서나 역할로 재배치하기 위한 조직 차원의 교육과 훈련을 하는 것이다. 오프라인 점포 수가 줄어들어 일자리가 사라진 판매 직원이 리스킬링을 통해 고객 센터의 상담원으로 재배치될 수도 있다.

비록 재배치라는 차이점이 있긴 하지만, 업스킬링과 리스킬링은 디지털 혁명으로 인해서 발생한 기존 스킬과 새로운 전문 스킬 사이의 갭을 메꾸기 위한 직원 재교육 트레이닝이다.[43] 그리고 이 둘은 조직 구성원이 가지고 있는 현재의 하드 스킬을 다른 하드 스킬로 조정하고 대체하는 개념으로 볼 수 있다.

스킬 큐레이션 Skill Curation은
인간 고유의 소프트 스킬 비중을 늘리는 것

그러나 우리가 목표로 삼는 스킬 큐레이션은 소프트 스킬을 확대하는 것이다. 미래에 필요한 새로운 스킬의 비중을 확대한다는 점에서 업스킬링이나 리스킬링과 비슷하지만, 우리의 역량이 하드 스킬에 집중해 있어서는 미래 일자리 안정성과 경력적 성공을 확신할 수 없다고 보기 때문이다.

과거 이력서에 적었던 화려한 경력과 하드 스킬도 중요하지만, 첫인상이나 대화를 통해서 드러나는 그 사람의 품성, 인격, 성격, 태도와 같은 소프트 스킬이 핵심이 되어야 한다. 더불어 직장 생활에서 동료들과 협업할 때, 까다로운 고객을 상대할 때 더욱 빛이 나는 스킬의 개발을 목표로 삼아야 한다. 변화된 세상에서 선택받고 또 경력적 성공을 이어가기 위해서 하드 스킬보다는 소프트 스킬이 더 중요할 것이라고 믿기 때문이다.

"전문가의 61%는 소프트 스킬이 기술적 스킬만큼 혹은 그 이상 중요하다고 생각한다.[44] 조직은 소프트 스킬 팀을 중심으로 조직을 재설계하기 시작했고, 이것은 최고의 트렌드가 되었다.[45]"

지금까지 수많은 스킬의 내용과 중요성에 대해 다루면서 지속해서 언급된 단어가 있다. 바로 '관계 Relations'라는 단어다.

사람들과의 관계를 형성하기 위해서, 팀원들 및 조직 내에서의 관계를 향상하기 위해서 소프트 스킬에서는 '관계'를 중요시한다. 사람 사이의 관계를 좋게 하는 스킬이 바로 소프트 스킬이며 미래 우리의 성공이 여기에 달려 있다. 이러한 관계를 잘 형성하고 관리하는 능력은 지식이 많고 일을 더 잘하는 것보다 더욱 중요한 조직행동의 핵심이 되었다.

소프트 스킬은 고용만을 위한 것이 아니라 경력 성공을 위한 것이기도 하다. 우리는 소프트 스킬을 중심으로 우리의 역량이 재편되고 있는 사실을 확인하였다. 다양한 스킬 중에서 나에게 필요한 스킬만을 고른다는 의미로 스킬을 큐레이팅하며, 미래 변화를 준비해 보자.

12.
최고의 소프트 스킬을 찾아서

이미 오래전부터 소프트 스킬이 구체적으로 어떠한 스킬이며, 어떤 하위 요인들이 모여서 각 소프트 스킬을 구성하는가에 대한 다양한 연구들이 진행되어 왔다. 물론 소프트 스킬의 중요성뿐만 아니라, 경력적 성공과의 상관관계는 이미 입증되었다.[46) 47) 48)]

소프트 스킬은 개인의 능력이 효율적으로 사용될 수 있도록 보조하고, 목표 성취를 위한 의사 결정에도 도움이 될 뿐만 아니라, 소속된 공동체에 대한 헌신에도 긍정적인 영향을 미친다.[49)]

그러나 어떤 스킬이 가장 중요한가에 대한 답은 학자들마다 차이가 있으며, 무엇보다도 개인이 처한 상황에 따라서 달라진다고 봐야 하므로, 정확히 정해진 답이 없다. 결국 '가장 중요한 스킬을 결정한다'라는 것은 각자의 몫이라고 할 것이다. 즉, 자기 스스로 발견해야 한다. 각자가 필요한 소프트 스킬의 종류는 수도 없이 많고, 다양한 환경과 조직 내 위치에 따라서 필요한 소프트 스킬이 다를 것이다. 그러나 소프트 스킬을 연구해 온 전문가들의 의견을 들어 보는 것은 소프트 스킬의 종류와 유형에 대한 이해를 축적하는 데 도움이 된다. 또 우리가 처한 상황은 다르지만 어떤 스킬이 부족하고 어떤 스킬을 개발해야 하는가에 대한 가이드라인이 될 수 있다.

다음에 소개하는 전문가들이 꼽은 최고의 소프트 스킬들을 당신의 현재 소프트 스킬과 비교해 보는 것을 추천한다.

1) 커리어 성공을 위한 소프트 스킬 TOP 10

전 세계 수백만 개의 구인 정보를 제공하는 글로벌 취업 전문 사이트 Indeed.com이 경력 성공을 위하여 필요한 10개의 소프트 스킬을 선정했다.[50]

- 의사소통 Communication
- 팀워크 Teamwork
- 문제 해결 Problem-solving

- 신뢰성 Dependability
- 비판적 사고 Critical Thinking
- 긍정적 태도 Positive Attitude
- 조직력 Organization
- 창의력 Creativity
- 적응력 Adaptability
- 갈등 해결 Conflict Resolution

출처: valuable soft skills that you need to succeed in your career, https://uk.indeed.com/career-advice/career-development/soft-skills

위의 랭킹에서 단연 눈에 띄는 것은 '긍정적 태도'이다. 우리는 주위에서 부정적인 태도를 가진 사람들을 많이 본다. 무엇을 해 보라고 해도, 이런저런 핑계를 대면서 부정적 결론을 확정해 버리는 사람들이다. 이런 사람들과 함께 무엇인가를 성공시킨다는 것은 그렇지 않은 사람들과 함께 목표를 이루는 것보다 몇 배는 더 힘들 것이다.

2) 어떤 산업에서도 환영받는 최고의 소프트 스킬

글로벌 취업 전문 사이트 Indeed.com는 산업을 뛰어넘어 사용될 수 있는 최고의 소프트 스킬 랭킹을 소개했다.[51]

다양한 직업에서 사용되는 데에 제한적인 하드 스킬과 달리 여러 산업에서 두루 가치를 갖는다는 점은 소프트 스킬의 특징이기도 하다. 그래서 소프트 스킬은 한 가지 산업이 아닌 다른 산업으로의 이직을 계획 중이거나 이직 가능성을 안고 있는 이들에게 도움이 될 수 있는 스킬들이다.

다음의 소프트 스킬들을 한두 개 정도 익히는 것보다는 하나의 스킬 세트로 묶어서 준비하는 것이 보다 도움이 될 수 있다. 미리 준비해 둔 스킬 세트는 언제 어떤 산업으로 이동하더라도 당신의 핵심 역량이 되어 줄 것이다.

- 의사소통 Communication
- 신뢰성 Dependability
- 조직력과 시간 관리 스킬 Organization and time-management
- 팀워크와 협력 Teamwork and collaboration
- 문제 해결력 Problem solving ability

- 의사 결정력 Decision making ability
- 주도력 Initiative ability
- 갈등 해결 Conflict resolution ability
- 리더십 Leadership
- 세부 사항 집중 Attention to detail ability
- 적응력 Adaptability

출처: 11 top job skills: transferable skills for any industry indeed.com, https://uk.indeed.com/career-advice/career-development/job-skills

3) 경력 성공을 위한 소프트 스킬 5

리프만과 그의 동료들(Lippman et al., 2015)은 전 세계 380여 개의 방대한 자료 조사를 통해서 고용주가 고용인들에게 요구하는 다섯 가지 소프트 스킬을 선정하였다. 사회적 기술, 의사소통 스킬, 고차원적 사고 능력, 대인관계 스킬 그리고 긍정적 자아 개념이 그것이다. 리프만은 이 다섯 가지 소프트 스킬이 15세에서 29세에 이르는 청년들의 경력적 성공의 가능성을 높일 수 있는 핵심 스킬이라고 보았다.[52]

> - 사회적 기술 Social skills
> - 의사소통 스킬 Communication Skills
> - 고차원적 사고 능력(문제 해결 능력이나 비판적 사고, 의사 결정 능력) Higher-order thinking abilities including problem solving ability, critical thinking ability, and decision-making ability
> - 대인관계 스킬 Interpersonal Skills
> - 긍정적 자아 개념 Positive self-concept

출처: Lippman, L. H., Ryberg, R., Carney, R., and Moore, K. A. (2015). Workforce Connections, Key "Soft Skills" that foster youth workforce success: Toward a consensus across fields. Child Trends Publication, 2015-24, 1-56.

4) 취업을 위한 10가지 소프트 스킬

글로벌 인재 솔루션 회사인 Nonstop Consulting이 소개하는 취업에 도움이 되는 10가지 소프트 스킬이다. 하드 스킬만으로는 취업 경쟁에서 두각을 나타내기 쉽지 않으므로 소프트 스킬로 자신의 장점을 강조할 것을 제안한다.[53]

- 의사소통 Communication
- 팀워크와 협력 Teamwork and Collaboration
- 적응력과 유연함 Adaptability and Flexibility
- 문제 해결 Problem-solving
- 리더십 Leadership
- 감성 지능 Emotional Intelligence
- 시간 관리 Time Management
- 창의력 Creativity
- 네트워킹 Networking
- 문화적 역량 Cultural Competence

출처: Top 10 In-Demand soft skills for landing a job, Linkedin, https://ch.linkedin.com/company/nonstop-consulting?trk=article-ssr-frontend-pulse_publisher-author-card

5) 어떤 직업에든 통하는 스킬 5

하버드 비즈니스 리뷰 Harvard Business Review에서는 모든 직업에 필요한 하드 스킬을 연마할 수는 없지만, 어떤 직업에든 필요한 소프트 스킬을 당신의 역량으로 개발하는 것은

가능하다고 조언한다.[54)]

> - 효과적인 의사소통 Effective communication
> - 팀워크 Teamwork
> - 권한 없이 영향력을 행사함 Influencing without authority
> - 문제 해결 Problem solving
> - 리더십 Leadership

출처: 5 essential soft skills to develop in any job, Harvard business Review, https://hbr.org/2023/02/5-essential-soft-skills-to-develop-in-any-job

6) 지금 즉시 업무에 사용 가능한 7가지 소프트 스킬

세계적인 인재 채용 및 관리 서비스를 제공하는 리크루팅 전문회사 Hays가 인정한 업무에 즉시 적용 가능한 직무를 위한 소프트 스킬 7가지를 소개한다.[55)]

> - 팀워크 Teamwork

```
- 문제 해결 능력 Problem solving ability
- 의사소통 능력 Communication ability
- 적응력 Adaptability
- 비판적 사고 능력 Critical Thinking ability
- 시간 관리 능력 Time management ability
- 대인관계 스킬 Interpersonal skills
```

출처: 7 job-ready soft skills you need today, hays. com, https://www.hays.com.au/career-advice/upskilling/soft-sk

7) 채용을 준비 중이라면 놓치지 말아야 할 소프트 스킬

소프트 스킬은 분명히 고용과 경력 성공을 위한 필수 스킬이다. 따라서 채용 담당자들은 반드시 당신의 소프트 스킬을 테스트할 것이다. 그러므로 여기에 소개하는 소프트 스킬로 채용에 대비해 보자.[56]

```
- 의사소통 Communication
- 리더십 및 관리 Leadership and management
```

- 문제 해결 Problem solving
- 시간 관리 Time management
- 팀워크 Teamwork
- 협상 Negotiation
- 원격 근무 Remote working

출처: Soft skills assessment: 7 soft skills every recruiter should test, toggl. com, https://toggl.com/blog/soft-skills-assessment-test

8) 2024년 최고의 소프트 스킬 11

Forbes가 선정한 2024년 고용주가 가장 중요하게 여기는 소프트 스킬은 다음과 같다. 기술적인 전문성과 함께 다음의 소프트 스킬을 개발해서 직장에서 두각을 나타내 보자[57]

- 의사소통 Communication(적극적인 청취, 언어적 의사소통, 비언어적 의사소통, 글을 통한 의사소통, 프레젠테이션 기술)

- 리더십 Leadership(문제 해결, 코칭 및 멘토링, 관리, 전략적 사고)
- 팀워크 Teamwork(갈등 해결, 중개, 책임, 협동)
- 창의력 Creativity(브레인스토밍, 상상력, 호기심, 실험)
- 시간 관리 Time management(계획, 목표 설정, 업무나 책임의 위임, 타임 블로킹)
- 적응력 Adaptability(유연성, 회복력, 성장 마인드, 분석)
- 문제 해결 Problem-solving(비판적 사고, 분석, 전략적 사고, 계획)
- 직무 윤리 Work ethic(시간 엄수, 신뢰할 수 있음, 전문 직업의식, 규율)
- 비판적 사고 Critical thinking(분석, 평가, 연역적 추리, 합성)
- 갈등 관리 Conflict management(공감, 협상, 중개, 갈등 해결)
- 감성 지능 Emotional intelligence(자기 인식, 공감, 사회적 기술, 동기 부여)

출처: Essential soft skills in 2024
Forbes. com.
https://www.forbes.com/advisor/business/soft-skills-examples

13.
소프트 스킬은 모여서 소프트 스킬이 되고

[소프트 스킬의 한 가지 영역에서 뛰어나다고 해서 빛을 볼 수 있는 건 아니다. 여러 소프트 스킬이 적절히 어우러져 함께 쓰일 때 가장 좋은 시너지를 낼 수 있다.]

선택적으로 공략하자

소프트 스킬은 리더십 스킬, 커뮤니케이션 스킬, 팀워크처럼 개인에게는 자신의 경력적 성공을 확보하는 능력이면서, 고용주에게는 조직의 경쟁 우위를 높이고, 목표를 달성하는 데 필수적인 귀중한 자산이다.

하드 스킬의 종류가 셀 수도 없이 많은 것처럼 소프트 스킬도 여러 종류가 있다. 분류 기준에 따라 수십 개에서 많게는 200개 이상으로 세분화하기도 한다. 말하자면 소프트 스킬의 명확한 분류는 학자마다 다르다.[58] 200개 이상의 소프트 스킬을 다 마스터할 수는 없다. 그중에서 어떤 스킬이 자신에게 가장 중요한가는, 본인이 처한 상황과 일자리에 따라 다르다고 보는 것이 가장 타당할 것이다.

그러므로 자신에게 가장 필요하고 중요한 스킬이 무엇인

지 관심을 두고 스스로 발견해야 한다. 그래야만 부족한 스킬을 보완하고, 자신 있는 스킬을 강화할 수 있다. 다시 말해서 선택적으로 공략해야 한다. 만일 당신의 선택지에 대중을 향한 스피치 능력과 적극적 경청 능력이 있다고 가정하자. 개인의 성향은 다르니까, 혹시 당신이 내향적인 사람이고 발표할 때마다 심한 부담감을 느끼는 사람이라면, 이러한 문제를 극복하는 것도 좋지만 그보다는 자신이 더 잘할 수 있는 적극적 경청에 집중해 보라고 권하고 싶다.

시너지를 기대하자

그렇다고 소프트 스킬의 한 가지 영역에서 뛰어나다고 해서 빛을 볼 수 있는 건 아니다. 여러 소프트 스킬이 적절히 어우러져 함께 쓰일 때 가장 좋은 시너지를 낼 수 있다. 그래서 이왕이면 다양한 소프트 스킬을 익히는 것이 당신에게 유리하다.

말하자면 대표적인 의사소통 스킬에는 포용력과 적극적 경청 스킬이 포함된다. 포용력과 적극적 경청 스킬은 의사소통 스킬을 구성하는 단독 스킬이기도 하지만, 포용력을 높이려면 적극적 경청 스킬이 반드시 필요하기도 하다. 즉, 서로 분리되어 있는 단독 스킬일 뿐만 아니라 서로 교집합을 공유하고 있는 스킬이면서 하위 스킬의 개념이 수시로 바뀔 수도 있는 것이다. 한 예로 리더십은 하나의 주요한 상위 스킬로서, 동기 부여나 멘토링 같은 요소로 이루어지지만, 성장 마인드셋 Mindset을 구성하는 하위 요소이기도 하다.

이런 특성 때문에 하나의 스킬로 승부를 보려고 하지 말고, 두루두루 익히다 보면 자연스럽게 소프트 스킬이 좋아질 수 있다. 단, 하나가 부족하면 다른 것도 나빠지는 점은 주의해야 한다. 예를 들어서 친화력이 없다면 네트워킹, 포용력, 설득, 사회적 스킬, 유머 감각 등은 빛을 발할 수 없고, 설득력이 부족하면 자기표현, 사회적 스킬 등이 빛을 볼 수 없다. 어쩌면 소프트 스킬은 서로 거미줄처럼 얽혀 있다고도 말할 수 있다.

소프트 스킬의 구성

이제 경력 개발과 구직 활동 분야의 전문가이자 여러 책을 저술한 앨리슨 도일(Alison Doyle)이 제시한 소프트 스킬의 하위 요인들을 통해, 소프트 스킬의 구성 요소를 구체적으로 살펴보려 한다. 도일의 글 "Top Soft Skills Employers Value with Examples"(2022)[**]은 직장 내에서 필수적인 소프트 스킬을 어떻게 활용할 수 있을지에 대한 실질적인 방향을 제시

[**] Doyle, A. (2022). Top soft skills employers value with examples. The Balance Money. https://www.thebalancemoney.com/top-soft-skills-employers-value-2060422

할 뿐만 아니라, 소프트 스킬이 막연하게 느껴지는 독자들이, 그 구성을 체계적으로 이해하는 데 도움을 줄 것이다.

1) 비판적 사고력 Critical Thinking

적응력 Adaptability
예술적 적성 Artistic aptitude
창의력 Creativity
비판적 관찰 Critical observation
비판적 사고 Critical thinking
디자인 적성 Design aptitude
배우고 싶은 욕구 Desire to learn
유연성 Flexibility
혁신 Innovation
논리적 사고 Logical thinking
문제 해결 능력 Problem-solving ability
연구 능력 Research skills
지략 Resourcefulness
틀을 깨는 사고 Thinking outside the box
변화와 불확실성에 대한 내성 Tolerance of change and

uncertainty

문제 진단 및 해결 기술 Troubleshooting skills

가치 교육 Value education

배우려는 의지 Willingness to learn

2) 리더십 스킬 Leadership

갈등 관리 Conflict management

갈등 해결 Conflict resolution

거래 성사 Deal-making

의사 결정 Decision-making

위임 Delegation

분쟁 해결 Dispute resolution

조력 Facilitation

명확한 피드백 제공 Giving clear feedback

영감 주기 Inspiring people

리더십 Leadership

관리 Management

어려운 대화 관리 Managing difficult conversations

원격/가상 팀 관리 Managing remote/virtual teams

회의 관리 Meeting management

멘토링 Mentoring

동기 부여 Motivating

프로젝트 관리 Project management

현안 처리 능력 Resolving issues

성공적인 코칭 Successful coaching

감독 Supervising

인재 경영 Talent management

3) 긍정적 태도 Positive Attitude

자신감 Confidence

협력 Cooperation

예의 Courtesy

에너지 Energy

열정 Enthusiasm

친근함 Friendliness

정직 Honesty

유머 Humor

인내심 Patience

존경받을 만함 Respectability

타인에 대한 존중 Respectfulness

4) 팀워크 Teamwork

피드백 수락 Accepting feedback

협력 Collaboration

고객 서비스 Customer service

어려운 상황 대처하기 Dealing with difficult situations

사무실 정치에 대처하기 Dealing with office politics

장애 인식 Disability awareness

다양성 인식 Diversity awareness

감성 지능 Emotional intelligence

공감 Empathy

대인관계 구축 Establishing interpersonal relationships

상대하기 어려운 성격 다루기 Dealing with difficult personalities

문화간 역량 Intercultural competence

대인관계 기술 Interpersonal skills

영향력 Influence

네트워킹 Networking

설득 Persuasion

자기 인식 Self-awareness

판매 기술 Selling skills

사회적 기술 Social skills

팀 빌딩 Team building

팀워크 Teamwork

5) 직무 윤리 Work Ethic

주의력 Attentiveness

비즈니스 윤리 Business ethics

경쟁력 Competitiveness

헌신 Dedication

신뢰성 Dependability

지시를 따름 Following direction

독립성 Independence

데드라인 지키기 Meeting deadlines

동기 부여 Motivation

멀티태스킹 Multitasking

조직력 Organization

인내 Perseverance

지속 Persistence

계획 Planning

올바른 비즈니스 에티켓 Proper business etiquette

시간 엄수 Punctuality

믿음직함 Reliability

회복력 Resilience

결과 지향적 Results-oriented

스케줄링 Scheduling

자기 주도 Self-directed

셀프 모니터링 Self-monitoring

자기 감독 Self-supervising

업무 집중력 Staying on task

전략적 계획 Strategic planning

시간 관리 Time management

훈련 가능성 Trainability

압박 속에서 직무 가능 여부 Working well under pressure

모여서 하나의 스킬이 되고

소프트 스킬은 단일한 능력이 아니라 여러 하위 요인들이 결합한 복합적인 능력이다. 이 구조에 대한 분석을 통해서 각 소프트 스킬을 어떻게 강화할지에 대한 구체적인 아이디어를 얻을 수 있다. 예를 들어, **<비판적 사고력>**을 강화하는 것을 목표로 한다고 가정해보자. 어떤 사람은 기존의 방식이나 다른 사람의 의견을 비판하는 것으로 생각할 수 있다. 하지만 **<비판적 사고력>**을 이루는 하위 요소들을 살펴보면, 그 안에는 **적응력, 예술적 적성, 창의력, 유연성, 틀을 깨는 사고**와 같은 예상치 못한 요소들이 포함되어 있음을 알 수 있다.

이것은 **<비판적 사고>**가 단순히 반박하는 것이 아니라, 기존의 방법을 넘어서는 새로운 해결 방안을 찾는 능력임을 의미한다. 즉, 비판적 사고는 기존의 방식을 무조건 부정하는 것이 아니라, 더 나은 해결책을 고민하고 창의적이고 유연한 접근을 통해 새로운 방법을 발견하는 능력을 포함한다.

이와 같은 방식으로 각 소프트 스킬은 다차원적인 요소들이 결합되어 있음을 이해할 수 있으며, 이를 통해 각 스킬을 효과적으로 개발하고 강화하는 방법을 찾을 수 있다.

또 다른 예로 **<직무 윤리>**는 도덕적 기준에 바탕을 둔 소프트 스킬을 대표하지만, 그 추상성 때문에 직무 윤리가 무엇인지 명확히 이해하기 어려워하는 경우가 많다. 이에 대해 앨리슨 도일은 **비즈니스 윤리, 신뢰성, 시간 엄수, 셀프 모니터링, 자기 감독**과 같은 구체적인 하위 요인을 제시하며, <직무 윤리>가 자신에게 엄격하고 업무에서 책임감을 요구하는 소프트 스킬임을 효과적으로 설명했다.

무엇보다도 소프트 스킬의 하위 요인 중 하나 또는 두 가지가 부족하면 전체적인 균형이 무너질 가능성이 크다는 점을 짐작할 수 있다.

뛰어난 **리더십 스킬**을 갖춘 지도자라도 **위임**하지 못하고 모든 일을 스스로 떠맡아야만 안심이 된다면, 끝없는 업무 스트레스를 감당하기 어려울 것이다. 처음에는 호기롭게 시작한 프로젝트도 점차 버거워지며, 결국 만족스럽지 못한 결과로 서둘러 마무리하게 될 위험이 있다.

또한, <긍정적 태도>는 정직함이 없다면 아무리 **열정**과 **자신감**이 넘치더라도 동료들의 신뢰를 얻기 어렵고, **긍정적인 에너지**를 전달할 수도 없다. <**팀워크**>는 단순히 일을 잘하고 **협력**하는 것으로만 이루어지지 않는다. 팀원 간의 유대관계를 강화하고, 서로를 믿고 의지할 수 있는 동료가 되기 위해서는 **감성지능(EQ)과 공감 능력** 같은 마음과 감정을 보듬어 줄 수 있는 스킬이 필수적인 것이다.

3부 | 성장과 소통을 책임지는 의사소통 스킬

[3부에서는 소프트 스킬의 핵심인 의사소통 스킬을 파헤친다. 의사소통을 담당하는 커뮤니케이션 스킬은 여러 하위 스킬로 구성되지만, 그중에서도 포용력, 적극적 경청, 자기표현 스킬을 소개한다. 이 세가지는 의사소통 스킬을 구성하는 핵심이면서 인간 고유 스킬의 매력과 특징을 고스란히 담고 있다. 이 스킬들을 함께 살펴보면서, 그 감춰진 힘을 마스터할 수 있기를 기대해 보자.]

5장

의사소통을 돕는 세 가지 스킬

14.
소통의 전문가가 되려면

[조직 내 의사소통의 문제는 대부분이 구성원의 성격, 특성, 태도, 행동에 달려 있다.[59]]

쉬운 소통은 어디에도 없다

혼자서 일하고 성공하는 사람은 아무도 없다. 오늘 하루도 당신은 셀 수 없이 많은 사람들과 마주했다.

함께 일하는 동료나 상사 외에도 응대해야 하는 고객이나 거래처, 그 외의 다양한 이해관계자들이 존재한다. 그리고 업무의 대부분이 그들과의 소통을 통해서 이루어진다. 다시 말해서 소통이 원활해야만 성공적인 직업적 관계가 구축될 수 있고, 그 후에 일의 성공도 노려 볼 수 있는 것이다. 그러나 만약 그들과 소통에 문제가 생기거나 애써 쌓아온 신뢰나 관계가 어그러진다면, 업무나 직장 생활이 원활하게 돌아가기는 힘들다는 사실을 우리는 이미 잘 알고 있다.

그렇지만 인간은 서로 다 다르다. 성격, 특성, 태도, 그리고 행동이 특히 그렇다. 좋게 말하면 개성의 차이가 뚜렷하다. 이렇게 서로 다른 사람들을 수십 명, 수백 명씩 하나로 묶어서 생활하는 조직에서 의사소통의 문제가 늘 발생하는 것은 예측 가능한 사실이다. 단 두명의 사람 사이에서도 의사소통의 문제는 발생한다. 마치 셔츠에 단추가 붙어 있는 것처럼 자연스러운 것이다. 그래서 우리는 항상 주변 사람들과 소통의 문제를 갖고 있고 그것을 해결해 나가면서 사회생활을 이어간다.

직장뿐만 아니라 개인의 일상이나 사적인 관계에서도 마찬가지다. 소통의 어려움은 늘 존재하며, 대부분은 시간이 지나면서, 서로를 알아가면서, 경험이 쌓이면서 하나둘씩 해결되어 가는 것이 보통이다.

하지만 무던히 참고 노력해도 소통하기 어려운 사람을 만난다면 이 불협화음의 문제는 우리 삶의 변두리에서 중심으로 위치를 이동한다. 운이 좋아 한 번만 보고 말 사이라면 다행이지만, 한 직장 또는 한 팀에서 같이 일을 하고, 식사를 하고, 협력을 해야 하는 사이라면 이야기가 달라진다. 특히 그 주인공이 직속 상사라면 상황은 더 심각해진다. 보통 그 사람으로 인한 스트레스를 흘려보내거나, 직장 내 다른 부서로 옮기거나, 최악의 경우에는 다른 직장으로 이직할 수밖에 없다. 이 중 쉬운 선택은 아무것도 없다.

이처럼 의사소통 문제는 모두의 삶에서 매우 기본적이고 중요한 문제이며, 때로는 소통의 어려움으로 사회적 교류 자체를 포기하는 경우가 발생하기도 한다. 그러므로 의사소통 스킬은 사회적 동물로 태어나고 사회적 교류를 필연적으로 하는 인간에게는 피할 수 없는 가장 기본적인 기술이라 하겠다.

소프트 스킬의 중심, 의사소통 스킬

그런 의미에서 나에게 소프트 스킬의 중심에 있는 스킬 중 단 하나를 고르라면 단연 의사소통 스킬, 즉 커뮤니케이션 스킬 Communication skills을 꼽겠다. 대인 커뮤니케이션에 초점을 맞춘 의사소통 스킬은 개인 간의 관계, 직장 생활, 사회적 상호 작용 같은 광범위한 인간관계를 아우르며, 말하기, 듣기, 쓰기, 읽기 등의 기본적인 커뮤니케이션 능력을 중심으로 다른 사람과 소통하는 스킬이다. 이는 언어적, 비언어적, 서면, 디지털 의사소통 스킬이 구분할 수 있다.

언어적 의사소통 스킬[60]

언어적 의사소통을 잘 하기 위해서는 자신의 아이디어와 생각 등을 명확하고 효과적으로 상대방에게 전달할 수 있어야 한다. 그러기 위해서 우선은 자신이 말하고자 하는 것, 목표하는 것이 무엇인가를 정확히 알고 있어야 한다. 그래야 상대방이 이해할 수 있게 논리적으로 전달할 수가 있다. 또한 직장에는 다양한 연령, 성별, 직위의 사람들이 있고 그들 모두와 똑같은 방식으로 의사소통을 할 수는 없기 때문에, 상대방의 수준이나 입장에 맞추어 의사소통하는 능력도 갖추어야 한다. 전문가, 비전문가가 받아들일 수 있는 정보의 수준이 다르고, 어떤 의견에 대해서든 찬반이 나뉠 수 있다는 점을 기억하자. 물론 전달하는 방식에서도 많은 차이가 발생할 수 있다. 때로는 말하는 사람의 어조나 표현 방식에 따라서 상대방과 친밀한 관계나 적대적 관계가 결정되기도 하기 때문에, 똑같은 내용이라도 어떻게 전달하는가에 주의를 기울일 필요가 있다.

비언어적 의사소통 스킬[61]

우리의 소통은 주로 언어적 방식으로 이루어지지만, 비언어적, 준언어적 의사소통도 전반적인 커뮤니케이션 스킬을 증진하는 데 효과적이다. 언어적 표현뿐만 아니라 표정, 시선, 몸짓, 어조, 음성과 같은 비언어적, 준언어적 표현이 언어에 담지 못했던 의미를 전달해 주고 때로는 언어적 표현보다 더욱 중요한 의미를 나타내기도 하기 때문이다.

그래서 프레젠테이션이나 대화를 할 때 상대방의 시선 처리나 표정, 몸짓 같은 작은 변화에도 주의를 기울이는 사람은 그렇지 않은 사람보다 상대방의 의도나 드러나지 않은 감정 등을 알아차리곤 한다.

서면 의사소통 스킬[62]

문법이나 구문 능력이 포함된 명확하고 효과적인 글쓰기 능력을 말하는 것으로 글의 종류에는 간단한 글부터 비즈니스 서신, 이메일, 보고서, 기획서, 계약서, 메모 등 다양한 형태가 있다. 복잡한 것을 쉽게 풀어서 글로 전달하거나, 재미없고 밋밋한 스토리를 매력이 넘치는 글로 바꿀 수 있는 능력도 여기에 해당된다.

디지털 의사소통 스킬[63]

이메일, 화상 회의 도구, 소셜 미디어, 인스턴트 메시지 사용 능력과 관련된 다양한 디지털 채널을 통한 의사소통 능력을 말하며 디지털 시각화 도구를 효과적으로 사용하는 시청각 커뮤니케이션 스킬이 포함된다. 최근에는 개인 간의 소통뿐만 아니라 많은 직장 업무도 디지털 의사소통 방식으로 진행하고 있으며, 특히 팀으로 일하는 환경에서 팀원들의 시간과 비용 같은 자원을 아낄 수 있는 중요한 작업 수단이 되었다.

지금까지 우리는 의사소통 스킬에 관해 가장 핵심적인 부분을 살펴봤다.

그러나 더 자세히 들여다보면 알 수 있는 것들

경력 30년 차의 간호사 A는 요즘 다시 영어 회화 수업을 듣기 시작했다. 바쁜 업무 시간에 매일 한 시간씩 틈을 내어 몰입 중이다. 그녀가 근무하는 병원에 캄보디아에서 파견 온 의료팀들이 함께 근무하기 시작하면서, 간단한 의사소통을 위해서는 영어 회화가 필요하다고 판단했기 때문이다.

"물론 통·번역 프로그램의 도움을 받아서 웬만한 소통은 가능하지만, "점심 맛있게 먹었어요?"와 같은 짧은 회화도 기기에만 의지해서는 친밀감이 형성되지 않는다고 느꼈어요. 먼 타국에 와서 낯설고 어려운 시간을 보낼 사람들에게 친절한 인사를 건네기 위해서 이 정도의 노력과 수고를 기울이는 것은 당연하게 느껴져요."

그녀의 손님들은 비록 짧은 수습 기간이 끝나면 본국인 캄보디아로 돌아가겠지만, A의 이런 노력이 그들과 주변 동료들에게 좋은 인상을 남기고 그것이 미래를 위한 또 다른 긍정적인 가능성으로 작용할 것이 분명하다.

이제 간호사 A의 이야기를 통해서 의사소통 스킬의 또 다른 하위 요인들을 소개하려 한다. 외국어 수업을 통해서 향상된 그녀의 의사소통 스킬은 언어적 의사소통 능력에 해당한다.

그러나 자세히 들여다보면 그것과는 다른 스킬도 발견하게 된다. 다른 문화를 편견 없이 받아들이고, 그 문화에 속한 사람들과 스스럼없이 가까워질 수 있는 능력, 외롭고 힘든 상대방의 감정을 이해하고 도움을 주고자 하는 마음도 보인다.

모두 의사소통 스킬로 볼 수 있는 A의 이런 능력을 통해서 우리는 명확하고 간결하게 내용을 전달하고 이해하는 것만이 의사소통 스킬의 전부가 아니라는 사실을 확인할 수 있다. 다시 말해, 드러나지 않는 무엇인가가 소통에 영향을 주고 있다는 것이다. 그것들을 발견하고 자신의 능력으로 활용할 수 있다면, 의사소통 전문가로 거듭나는 일이 훨씬 더 수월해질 것이다.

지금부터 소개할 포용력, 적극적 경청, 그리고 자기표현 스킬은 더 자세히 들여다보아야 발견할 수 있는, 소통을 원활하게 할 수 있는 소프트 스킬이다. 의사소통에 어려움을 겪고 있거나, 의사소통의 전문가가 되고 싶은 분들을 위해서, 여기 세 가지 스킬을 소개한다.

15.
작정하고 품어라, 포용력(Inclusiveness)

[세상에 똑같은 사과는 없고, 똑같은 사람도 없다.]

차이를 인정하고 존중하는 능력

우리는 서로 문화, 인종, 성별, 나이, 종교, 가치관, 관점, 성격, 경험, 사회적 배경 등이 다르다. 부모와 자식도, 아무리 친한 친구도, 매일 마주하는 직장 동료도 나와 같을 수는 없다. 한마디로 세상에 똑같은 사과는 없고, 똑같은 사람도 없다. 이런 다양성은 무미건조한 세상에 생기를 불어넣고, 우리의 경험과 사고를 확장하며, 변화와 발전을 이끄는 원동력이 된다.

하지만 우리는 너무 쉽게 그 사실을 망각한다. 상대방이 나와 다르다는 팩트를 무의식적으로 거부하며, 차이를 지적하고 고치라고 요구한다. 그러나 이런 차이는 한쪽의 강요로 변하지 않는다. 그래서 이런 시도는 대부분 시도로만 끝날 가능성이 크다.

오히려 이럴 때는 사람마다 다양한 관점과 차이가 있을 수 있다는 사실을 인정하고, 협력하는 자세가 필요하다. 다른 사람들과의 <차이>를 <인정>하고 그것을 <존중>하는 능력, 이것이 바로 <포용력>의 본질이며, 타인과 나의 차이를 받아들이는 것에서 시작된다.

또 서로를 존중하는 포용력은 다양한 사람들과 긍정적인 사회적 관계를 형성하는 핵심 요소가 된다. 특히 지금처럼 다양성이 늘어가는 환경에서 서로의 문화와 배경을 이해하고 협력할 수 있는 능력은 개인뿐만 아니라 우리 사회에서도 꼭 필요한 능력이기도 하다.

편견과 선입견을 몰아내라

한 사람 내에서 포용력은 편견이나 선입견과는 공존하기 힘들다. 그렇기에 포용력을 키우기 위해서는 우선 자신이 가진 편견과 선입견을 없애기 위해서 스스로 여러 가지 노력을 해야 한다.

우선 어떤 상황에서든 상대방의 이야기에 귀를 기울여 보겠다는 각오가 서야 한다. 책을 읽거나, 교육 프로그램에 참여하거나, 다양한 경험을 통해서 사람들의 관점과 생각을 배우는 것도 한 방법이다. 이런 노력은 다양한 사람들과의 교류를 통해서 시야를 넓히고 많은 것을 배우는 데 도움이 되기 때문에 자신의 성장에도 도움이 되는 것은 물론이다.

특히 포용력은 거의 모든 구성원이 하나 이상의 팀으로 연결된 요즘 직장에서 훨씬 더 중요해졌다. 개인의 성과 못지않게 팀의 성과가 중요하다고 해도 과언이 아닌데, 성과를 높이는 더 나은 아이디어나 새로운 시도는 어느 한 사람의 뛰어남보다는 다른 사람의 능력과 가치를 인정하는 포용력으로부터 나온다고 볼 수 있다.

만일 당신이 팀장이라면 팀원들에게 평등한 기회를 제공해야 하고, 그들의 피드백에 관해서 개방적이고 건설적인 자세를 취해야 한다. 그리하여 팀원들이 평등한 관계에서 업무에 적극적으로 참여하는 문화를 조성하여 자신이 조직에서 인정받고 있으며, 꼭 필요한 사람이라고 느끼게 한다. 이것은 모든 팀원이 소속감을 느끼는 데 긍정적으로 작용하며, 결속력을 강화한다. 조직 구성원들이 서로 포용하는 문화를 조성할 때, 직원들의 만족도와 참여도가 올라가고 조직의 생산성도 함께 올라갈 것이다.

당신이 포용력을 발휘하여 팀원들의 다양한 생각이 존중을 받게 되면 결국에는 창의적이고 혁신적인 아이디어가 발굴되고, 결과적으로 직장 내 문제 해결에 도움을 줄 수 있다.

그러나 누군가가 실수를 했다고 창피를 주거나 손해나 책임을 지게 한다면, 그 당사자나 이를 목격한 사람들은 다시는 자신의 아이디어를 말하거나 어떤 일에 책임을 지고 완수하려고 하지 않을 것이다. 즉, 획기적인 아이디어를 얻으려면 실수에 대한 포용력이 전제될 필요가 있다.

부정적인 피드백을 마주하는 용기

다양한 관점에는 부정적인 피드백도 포함된다. 어떤 이는 기꺼이 받아들이고 자신의 성장 기회로 삼기도 하지만, 많은 사람이 부정적인 피드백을 두려워하는 게 현실이다. 부정적인 피드백은 야생 곰과 비슷하다. 실제로 깊은 산 속에서 야생 곰을 만난 것이 아니고, 그저 부정적인 피드백을 받았을 뿐이지만, 우리의 신경계, 내분비계, 그리고 신체는 그에 상응하는 생존 본능을 가동한다. 마치 숲속에서 야생 곰을 만난 것처럼 <맞서 싸우거나 곰을 피해서 달아나는 반응 Fight-or-flight reaction>을 보이는 것이다.[64]

왜냐하면, 그것이 비난이나 질책같이 느껴질 때가 많아서 인간의 두뇌는 여기에 대하여 신체적인 위협을 받은 것처럼 반응한다.

만약 당신이 갑자기 야생 곰을 만난다면 당신의 뇌에서는 교감 신경계(신경계)가 자극되고 에피네프린과 노르에피네프린 같은 스트레스 호르몬이 분비되며, 심박수가 증가하고 호흡이 빨라지고 근육이 긴장되고 동공이 확장되는 신체적 반응이 일어날 것이다. 이것은 신체적인 반응이고, 심리적으로는 불안감과 공포심이 증가하고 극도로 예민해질 것이다. 생존을 위해 본능이 발동하는 것이다. 이런 원리를 잘 이해하는 것은 부정적인 피드백을 주는 사람에게도 받는 사람에게도 또 주변의 사람들에게도 중요하다. 부정적인 피드백을 제공하는 사람은 자신이 상대방에게 얼마나 큰 위협을 가하는지를 인지하고 상대방을 최대한 배려하는 마음으로 메시지를 전달하도록 노력해야 한다. 부정적 피드백을 받는 사람도 자신의 스트레스나 공포가 남들도 다 겪는 자연스러운 생존 본능이라는 점을 잘 이해한다면 이로 인한 스트레스를 제어하는 일이 한결 더 수월해질 것이다.

성공을 바란다면 부정적 피드백을 요구하라

하지만 부정적인 피드백의 실체를 알게 된다면 여기에 대한 당신의 생각이 달라질 수도 있다.

2014년 한 컨설팅 업체(젠거 포크먼 Zenger Folkman)가 약 1,000여 명의 사람을 대상으로 조사한 결과, 긍정적인 피드백보다는 부정적인 피드백이 응답자들의 성공에 더 큰 도움이 된다는 연구 결과를 발표했다. 응답자의 57%는 오류를 수정해 달라는 피드백을 긍정적 피드백보다 선호했고, 72%에 달하는 응답자는 오류 수정 피드백으로 인해서 성과가 더 좋아질 것이라고 기대했다. 특히 92%의 응답자는 부정적인 피드백이 성과를 더 좋게 만들 것이라는 의견에 동의했다.[65]

다시 말해서, 긍정적인 피드백은 받는 순간의 기분을 좋게 하고, 안심하게 해준다. 하지만, 부정적인 피드백보다 성공에 더 큰 도움을 주지는 않고, 발전을 위해 노력하고 더 나은 결과를 갖도록 하는 데에는 부족한 점을 지적하고 오류를 알려주는 부정적인 피드백이 훨씬 효과적이었다. 물론 여기에는 전달 방식이 적절해야 한다는 조건이 붙기는 하지만, 많은 이들이 이미 부정적인 피드백의 효과를 경험한 듯싶다.

피드백의 방식에 대한 고민은 충분히 이해가 간다. 대부분이 부정적인 의견을 듣는 것을 좋아하지 않기 때문이다.

여기에 대한 한 가지 해결책은 피드백을 제공하는 방식을 시스템화하는 것이다. 예를 들어서 '긍정적인 피드백을 줄 때는 반드시 부정적인 피드백을 함께 끼워 넣을 것' 또는 '한 달에 세 개의 부정적 피드백 주고받기'와 같은 룰을 정하는 것이다. 물론 이것은 조직에서 정해야 할 문제이긴 하지만, 개인 스스로도 실천해 볼 수 있을 것이다. 예를 들어서, 한가로워 보이는 딸 아이에게 너희 친구들 엄마와 비교했을 때, 엄마는 뭐가 부족하냐는 식으로 가볍게 부정적 피드백을 요구할 수도 있다. 그리고 무엇보다 중요한 것은 부정적인 피드백에 대한 두려움을 극복하고자 하는 의지다. 누군가 내게 그러한 피드백을 줄 때 두려움을 느끼고 도망치고 싶을 수도 있다. 이때, 반드시 그것이 기회이며, 그래서 감사하다는 생각의 훈련을 해야 한다.

16.
듣기 평가보다 어려운 적극적 경청(Active Listening)

[이것은 상대방의 말을 주의 깊게 듣고 이해하는 스킬을 뛰어넘어서 상대방 자체를 듣고 공감하는 스킬이다.]

듣는 것은 스킬인가?

인간의 청각은 사방팔방에서 정보를 수집하는 동물적 감각이다. 지금 이 글을 쓰는 동안에도 내 청각은 끊임없이 활동하고 있다. 한여름의 매미 우는 소리, 자동차 소리, 옆 건물의 에어컨 소리에 이르기까지, 내가 원하든 원하지 않든 청각은 쉴 틈이 없다.

시야가 닿지 않는 곳을 보려면 고개를 돌려야 하지만, 소리는 고개를 돌리지 않아도 들을 수 있다. 먼 곳의 것을 보려면 가까이 다가가야 하지만, 소리는 멀리까지도 빠르게 전달된다. 이러한 이유로, 주변 사람들과 협력이 필요한 상황에서 청각은 유용하게 작용한다. 청각을 사용할 수 없다면 메시지를 직접 적어 상대방이 읽게 해야 하지만, 말, 신호, 소리로 전달하면 이런 불편함이 해소된다. 예를 들어 건물 화재 시 울리는 사이렌 소리는 그 어떤 메시지보다도 빠르고 효과적으로 건물 내 사람들에게 동시에 경고를 전달한다. 게다가 우리의 청각은 늘 열려 있기 때문에, 듣기는 무의식적으로 가능하다.

감정과 의도를 듣기까지

별다른 노력 없이도 가능한 듣기가 왜 스킬로 여겨지는지 의문이 생길 수도 있다. 하지만 여기서 말하는 듣기 Hearing는 단순히 소리를 받아들이는 것이 아니다. 소리를 단순히 듣는 것이 듣기 Hearing라면, 의미에 집중하는 듣기는 경청 Listening이라 할 수 있다. 여기에 능동적, 적극적이라는 의미가 더해진 적극적 경청 Active Listening은 신중하게 귀를 기울이고, 수집한 정보의 진정한 의미와 의도를 파악하는 스킬이다. 이는 단순히 상대방의 말을 주의 깊게 듣고 이해하는 것을 넘어, 상대방 자체를 듣고 공감하는 기술로, 이때 듣는 것은 내용뿐 아니라 상대방의 감정과 의도까지 포함한다.

상대방을 향한 완벽한 집중

우리가 인간의 고유한 능력으로 보는 것은 단순한 듣기가 아니라 바로 이 경청, 그것도 적극적 경청 Active listening에 관한 것이다.

우리는 모두 자신의 이야기를 듣기 평가하듯이 들어주는 사람을 갈망한다. 단순히 소리가 들리니까 듣는 것이 아니라, 온 신경과 감각을 집중해서 듣는 것이다.

그러나 누구나 자신의 이야기를 하고 싶기 때문에, 작정하고 상대방의 이야기에 귀를 기울이며 완벽하게 집중하기는 쉽지 않다. 대화 중간에 끼어들고 싶거나 때로는 상대방의 말을 도중에 끊고 싶은 유혹을 참아내며 오롯이 듣기만 한다는 것은 상당한 인내심과 끈기가 필요한 스킬이다. 게다가 자신의 시간과 집중력을 상대방에게 쏟겠다는 결단력도 요구된다.

누군가의 이야기를 온전히 들어본 경험이 있는 사람은 이것이 얼마나 큰 에너지를 소모하는 일인지 이해할 수 있을 것이다.

그래서 진심으로 들어주는 사람은 사회에서 매우 귀한 존재가 되었고, 우리는 누군가가 온전히 자신의 이야기에 집중해서 들어주는 경험을 많이 해보지 못한 것이다. 상대방을 향한 적극적 경청은 고립과 외로움에 병들어가는 현대 사회에서 꼭 필요한 능력이 되고 있다.

듣기의 마법

오직 경청만으로 나의 의사소통 스킬이 강화될 수 있을까? 적극적 경청은 의사소통에 있어서 소극적으로 보일 수 있고,

대화의 주도권도 상대방에게 있어 보여서 얼핏 보면 관계의 주도권이 말하는 사람에게 있는 것처럼 여겨질 수도 있지만, 오히려 정반대다.

얼마 전 동네 주민과 주차문제로 경찰까지 출동할 정도로 심각한 마찰을 겪은 A는 친한 회사 동료 B를 만나서 하소연을 시작했다.

A가 B의 사무실에 들어서자, B는 자신의 의자를 당겨서 자세를 고쳐 앉았다. 몸을 앞으로 숙이며, 무슨 일이 있었냐고 물었다. A는 천천히 최근 며칠 동안 벌어진 일들을 이야기하기 시작했다. 한 시간 가까이 A의 하소연이 이어졌다. B의 역할은 들어 주는 것이 전부였고, 이따금 "힘드셨겠네요", "아직도 그런 사람들이 있다는 말입니까?", "저런, 그래서 어떻게 하셨어요?", "그다음은요?"와 같은 말로 A가 계속 자신의 이야기를 꺼내놓게 했다. B를 만나기 이전에 A는 분한 마음에 잠도 잘 못 자고 먹지도 못했지만, 이날 이후로 상태가 많이 나아졌다. 그리고 B는 A가 중요한 일을 의논하는 '첫 번째 상대'가 되었다.

우리 대부분은 A처럼 누군가를 붙잡고 자신의 힘들고, 기쁘며, 환호할 만한 이야기를 털어놓고 싶어 한다. A처럼 억울

한 일을 당해서 상황 설명을 하고 싶어도, 전후 사정을 자세히 들어주는 사람과 사실관계의 일부만 듣고 말겠다는 사람을 만나는 것은 심리적으로 큰 차이를 만든다. 알다시피 그저 이야기를 나누는 것만으로도 가슴속의 답답함이 해소되는 카타르시스를 느끼기도 한다. 그러나 우리는 주변에서 그런 사람을 쉽게 발견할 수 없다.

이런 상황을 역으로 활용해 보는 것은 어떨까? B가 가진 특별한 능력은 바로 <적극적 경청>이다. 적극적 경청을 나의 의사소통 스킬로 활용하는 것이다.

내가 적극적인 경청자가 되어 누군가의 이야기를 온전히 들어준다는 것은 그 순간 기꺼이 상대와 한 편이 되어 준다는 우호적인 신호와 비슷하다. 게다가 상대방은 자신이 인정과 존중을 받고 있다는 느낌이 들게 된다. 결국은 당신과 상대방 간의 신뢰를 형성하는 데 도움이 될 것이고, 신뢰와 존중을 바탕으로 한 관계 형성에도 기여할 것이다.

어떻게 적극적 경청을 실천할 것인가?

적극적인 경청을 위해서는 우선 대화에만 집중하고, 당신이 상대방의 말을 경청하고 있다는 신호를 보내야 한다.

상대방과 눈을 맞추는 것은 좋은 방법이다. 고개를 끄덕이거나 가벼운 미소 등으로 상대방의 말에 대한 적절한 반응과 피드백, 관심을 표현할 수도 있다. 중간중간 "아, 그러니까 이렇게 하라는 말씀이시죠?"와 같이 말하며 상대방의 대화 내용을 반복하거나 요약하는 것도 좋다. 또한, 당신이 상대방을 이해하고 공감한다는 표현을 잊지 말도록 한다. "이제 이해가 되네요.", "저라도 그럴 것 같아요.", "저도 같은 생각입니다." 와 같은 표현도 좋다.

이때 상대방의 불만 사항을 중간에 끊지 말고, 상대의 말을 끝까지 다 듣고 난 후에 공감을 표시해야 한다. 상대방의 말을 끊지 않는 것은 가족이나 친구와의 대화에도 적용할 수 있는 중요한 경청의 스킬이다.

때론 좋은 질문으로 상대방의 설명을 유도하는 것도 좋다. "그 부분은 왜 그렇게 하신 건가요?", "좀 더 명확히 설명해 주실 수 있을까요?"와 같은 질문을 활용할 수 있다. 또는 상대의 말에 대해 간단한 피드백을 제공할 수도 있다. 회의 중에는 당신의 스마트폰이나 노트북을 들여다보지 말고 발표자에게 온전히 집중하라. 발표자들에게 세심한 주의를 기울이고, 명쾌하게 질문하거나 응답하고, 발표 내용 중 중요한 부분을 메모하여 다음 토론 시 그것을 참고한다. 만일 필요하다면 노트를 손으로 작성하는 것도 좋은 방법이다.[66]

지금까지 의사소통 스킬을 업그레이드하기 위한 두 번째 스킬, 적극적 경청을 살펴보았다. 가까운 사람들과의 대화에서 경청의 신호 보내기, 말 끊지 않기, 관심 표현하기부터 시작해 보자.

17.
건강한 관계의 씨앗, 자기표현(Self-Expression)

[자신의 감정과 의견을 솔직히 표현하며, 기회가 있을 때마다 마음속에 걸리는 것이 없도록 비워 내면서, 원활한 의사소통을 이어갈 때 비로소 건강한 관계로 발전할 수 있다.]

자신을 드러내는 연습이 필요할 때

일방적으로 한쪽이 다른 한쪽을 이해하고, 맞추는 관계에서는 소통을 기대하기 힘들다. 그렇기에 자신을 충분히, 제대로 표현하는 것이야말로 의사소통을 잘 하기 위한 필수 조건이라 할 수 있다.[67] 사람 사이의 관계에서 주고받기가 원활히 되지 않는다면 건강한 관계로 자라날 수가 없기 때문이다.

그런데 만일 자신을 표현할 줄 모르거나, 표현할 기회가 주어지지 않는다면 어떤 일이 벌어질까.

A: 말을 해야 알지, 말을 안 하는데 우리가 어떻게 알아? 왜 가만히 있다가 갑자기 이러는데? B씨 원래 이런 사람이었나? 그렇게 안 봤는데, 사람 뒤통수 치네.

B: 그동안 쌓인 게 많았습니다. 저 혼자만 손해 보고 살았어요. 바보같이 '좋은 게 좋은 거다'하고 생각했습니다. 참을 수 있을 줄 알았습니다. 언젠가는 알아주실 줄 알았습니다.

왠지 낯설지 않은 대화다. 한 번쯤은 주변에서 이런 대화가 오간 적이 있거나, 혹은 내가 당사자였던 적도 있었을 것이다.

표현하지 않고 묵혀놓고 있던 것들이 한꺼번에 '쾅' 하고 터지면서, 잔잔히 흘러가던 관계는 뜻밖의 암초를 만나곤 한다. 겉으로는 좋은 관계로 보이지만 이미 오래전부터 문제가 있었다. 중간중간 해소하지 않고, 무신경하게 쌓아뒀던 부정적인 감정들이 자라나서 결국은 관계를 망치는 원인이 된 것이다.

그래서 건강한 관계를 위해서는 자신을 명확히 드러내고 감정과 생각, 의견 등을 표현하는 능력이 중요한데, 이것이 바로 자기표현 Self-expression 스킬이다.[68]

명확하고 구체적으로

자기표현을 잘하기 위해서는 먼저 명확하고 구체적인 표현을 익혀야 한다. 추상적이고 모호한 표현은 조직 생활에서 예기치 못한 문제를 일으킬 수 있다. 예를 들어, 까다로운 사람으로 보이고 싶지 않은 마음에 "아무거나 다 괜찮아요."라고 주문한 캐러멜 마키아토가 단 것을 싫어하는 당신에게는 만족스럽지 않을 것이다.

이처럼, 자신이 마시고 싶은 음료 한 잔조차 명확히 주문할 용기가 없는 사람에게는 대인관계나 업무 관계에서 마주할 여러 문제를 성공적으로 해결할 역량이 없을 가능성이 크다. 평소에 자신이 얼마나 명확하고 구체적으로 이야기하며 자신을 표현하는지를 한번 점검해 보고, 혹시 '알아서 잘!' 또는 '아무거나'와 같은 모호한 표현을 사용하고 있지 않은지 살펴보는 것이 자기표현 스킬을 향상하는 데 도움이 될 수 있다.

사실관계에 초점을 맞추고

또한, 상대방을 비난하기보다는 사건의 사실관계에 초점을 맞춘 메시지를 전달하는 것이 자기표현에 큰 도움이 된다. 예를 들어, "기사님이 차를 그렇게 빨리 출발시키시니까 제가 중심을 잡기 힘들어 다칠 뻔했어요."라는 말보다는 "천천히 출발해 주세요. 부탁드립니다."가 짧지만, 훨씬 더 효과적이다.

비난의 감정이 섞인 첫 문장을 들은 상대방은 비난에만 집중하여 당신이 전달하고자 하는 메시지의 핵심을 놓칠 가능성이 크지만, 목적에 초점을 맞춘 간결하고 명확한 표현만으로도 메시지는 충분히 전달될 수 있다.

존중과 예의를 실어서

어떤 상황에서도 상대방에 대한 존중과 예의를 갖춘 언어를 사용하며, 흔들리지 않는 목소리를 내는 연습도 도움이 된다. 흔히 말하는 포커페이스처럼, 힘든 상황에서도 냉정함을 유지하며 자신의 페이스를 잃지 않는 사람도 있지만, 상황이 조금만 불리하게 변해도 금세 표정이 달라지고 목소리 톤이 바뀌는 사람도 있다. 또는 반대 의견이나 부정적인 의견을 표현하는 것을 유난히 어려워해 일부러 침묵하는 사람들도 있다.

그러나 전달하고자 하는 메시지의 내용이 힘들고 어려울수록 오히려 예의와 배려를 갖추어 표현하는 연습을 해보는 것이 좋다. 만약 힘든 상황에서도 평정심을 잃지 않을 수 있다면, 이는 자신의 감정 관리를 얼마나 잘하는지를 보여줄 뿐만 아니라, 당신의 목소리에 힘을 실어줄 것이다. 여기에 자신감 있는 태도가 더해진다면, 상대에게 더 큰 신뢰를 얻을 수 있다.

적절한 언어를 사용하여

덧붙여 말하자면, 적절한 언어 사용 능력도 중요하다. 이는 상대가 메시지를 쉽게 이해할 수 있도록 전달하는 능력인데, 너무 쉽게 표현하면 가벼워 보일 수 있고, 너무 어렵게 표현하면 상대방이 잘못 이해할 수 있으므로, 상대방을 고려한 적절한 수준으로 전달하기 위한 세심한 주의가 요구된다.

부지런히 표현하자

자기표현의 문제는 때론 적극적 경청이나 대화집중을 방해하는 장애물로 작용하기도 한다. 상대방이 말하고 있는 동안에도 계속 자신이 하고자 했던 이야기에 집착하고, 대화가 끝난 후에도 미련이 남아서 종전의 대화를 곱씹으며 헤어나지 못하는 사람도 있다.

그러나 가장 심각하게는 자신의 솔직한 생각과 감정을 속으로만 억누르고 분출하지 않으면 폭발할 위험이 있다.

[(생각을) 담아두기만 하면 머릿속에 부정적인 생각이 가득 차 정신적으로 위험해질 수 있다. 지나치게 많은 생각을 꾹꾹 눌러두었다가 (생략) 한꺼번에 터지면 큰일이기 때문이다. 그 전에 능숙하게 생각과 감정을 해소해야 한다. 하고 싶은 말을 속으로만 되뇌면 그것은 자신을 상처 내는 칼이 될 수 있다. 그러나 감정을 능숙하게 표출하면 마음에 쌓인 것이 해소되기도 한다.]
- 사이토 다카시, <혼자있는 시간의 힘> 中[69]

그렇기에 우리는 특히 감정 표현에 좀 더 부지런해질 필요가 있다.[70] 사실 감정 표현은 익숙하지 않아서 어렵게 느껴질 수 있지만, 차분히 살펴보면 생각보다 복잡하지 않다.

"저는 이렇게 생각합니다.", "정말 감사합니다.", "그땐 죄송했습니다.", "사실은 서운했습니다."처럼 간단히 자신의 감정을 전달하는 것으로도 효과가 있다. 이런 표현에 서툰 사람들은 비교적 쉬운 '정말 감사합니다.'부터 연습해보자.

효과적으로 전달하기 위해서 목소리 톤이나 표정 같은 비언어적 의사소통 수단을 활용할 수도 있다.

솔직한 자기표현

자기표현에서 솔직함은 상대방과의 신뢰를 구축하는 데 큰 도움이 되며, 성공적인 협력 관계의 기본이 된다. 솔직한 표현은 오해나 갈등을 줄이는 데 기여하며, 문제를 직면하고 해결하는 데 있어 긍정적인 결과를 가져온다. 차라리 솔직하게 이야기했더라면 하는 후회를 남기는 것보다는 처음부터 솔직한 것이 더 낫다.

정직하고 솔직한 대화는 상대방에 대한 존중이며, 이는 상대도 쉽게 느낄 수 있다. 내가 먼저 솔직하게 대화를 시작하면 상대방도 그에 따라 솔직하게 반응하게 되고, 건강한 상호작용이 시작될 수 있다.

솔직함주의보

그렇다고 해서 자신의 감정과 의견을 공격적이고 무분별하게 쏟아 내라는 것이 아니다. 자기표현은 솔직함을 전제로 하지만 때로는 그것을 앞세워 다른 사람에게 상처를 주거나 실례를 범할 수 있으므로 신중해야 한다.

신입 사원 A: 과장님, 이기 저짝에 두까예?
김 과장: 뭐라고?
신입 사원 A: 이거 저짝에 두면 되나 싶은데예.
김 과장: 뭐라는 거야?
신입 사원 A: 야?
김 과장: 나는 A씨가 하는 사투리를 못 알아듣겠어. 그냥 솔직히 뭐라는 건지 하나도 모르겠어. 진짜 솔직히 말해서 사투리 너무 신기하네.

자기표현에 솔직한 김 과장은 어째서 A와 의사소통에 문제가 있었던 걸까? A의 사투리가 아무리 심해도, 저 말을 이해하지 못할 사람이 있을 리가 없다. 김 과장은 그저 트집을 잡고 싶었거나 사투리가 신기했을 수도 있다. 하지만 정말로 사투리가 신기했다면 다른 표현 방식은 없었을까.

김 과장이 모르는 '김 과장의 가장 큰 문제'는 바로 그의 솔직함이다. 그는 솔직함을 무기로 상대방을 공격하고 있던 것이다. 김 과장이 A에게 상처를 준 것과 같은 잘못을 저지르지 않기 위해서는 자기표현의 솔직함 정도를 조절할 필요가 있다. 그런 면에서 상당히 까다로운 스킬이라 할 것이다.

 다른 사람들에게 상처를 주거나 조직의 효율성을 저해하는 솔직함은 피해야 한다.[71] 화가 나면 화를 내는 것이 솔직한 자기표현일 수도 있겠지만 사회적인 관계에서는 무조건 솔직하다고 해서 관계나 성공에 도움이 되는 것은 아니다.

4부 | 눈치 스킬

[소프트 스킬은 언제, 어떤 소프트 스킬을 사용할까에 대한 상황적 인식 Situational awareness가 요구된다. 그리고 이런 것들은 무형의 요인들 Intangible factors에 의해서 결정되는 경우가 많다.]

6장

의사소통 스킬을 업그레이드할 수 없을까?

18.
눈치는 정답일까?

[결국은 보는 것, 듣는 것, 말하는 것이다. 이 세 가지를 빼놓고는 인간의 소통은 있을 수 없다. 그리하여 〈눈〉, 〈귀〉, 〈입〉은 인간 고유 스킬의 시작점이 되는 것이 당연하다.]

인간 고유의 소프트 스킬은 인간관계의 핵심이다. 사람 간의 소통은 보고, 듣고, 말하는 것에 의해 좌우되며, 따라서 의사소통 스킬 역시 결국 보는 것, 듣는 것, 말하는 것이 좌우한다.

이런 이유로 인간관계를 다루는 분야에서는 말을 잘하는 방법, 상대방의 이야기를 경청하는 법 등이 오랜 시간 주목받아 왔으며 인류는 효과적인 소통 방법을 꾸준히 연구하고 개발해 왔다.

조율과 조화의 능력

그럼에도 불구하고 의사소통이 마음처럼 쉽지 않은 가장 큰 이유는 현실 속 인간관계에서 끝없이 발생하는 변수들 때문이다.

의사소통은 본래 예측이 거의 불가능할 정도로 변수가 많고, 예측하기도 어렵다. 따라서 상황에 맞게 적절히 대응하고 반응하는 것이 중요하지만, 아무리 배우고 연습해도 모든 상황을 완벽히 익히고 수많은 변수를 준비하는 것은 불가능하다. 예를 들어서, 어떨 때는 듣는 능력이 중요하고, 어떨 때는 말하는 능력이 중요한가가 상황마다 다 다르다. 또 사람마다 차이가 크다. 어떤 사람들에게는 수월하게 느껴지는 부분이 다른 이에게는 어렵게 느껴지는 경우가 있다. 어떤 사람은 말하는 능력이 뛰어나지만 남의 말을 듣는 인내심이 부족하다. 말하기, 듣기, 보기가 다 뛰어나지만, 소통에 어려움을 느끼는 사람도 있다.

다시 말해서, 상황적 변수들이 너무 많아서, 각 능력이 아무리 뛰어나더라도, 조화롭게 사용되지 않으면 의사소통 스킬이 향상되지 않는다. 그래서 의사소통 스킬이 제대로 발휘되려면 우리가 가진 스킬들이 하나로 조합되어 적절하게 융화되어야 한다. 지휘자를 예로 들 수 있다.

오케스트라 지휘자는 단순히 음악의 박자와 강약만을 맞추는 사람이 아니다. 지휘자는 각 악기가 내는 소리를 조율하고, 조화를 이루게 한다. 지휘봉을 사용해 명확한 지시를 내리고, 오케스트라 전체의 균형을 맞추며, 서사가 있는 하나의 드라마를 완성한다.

즉 우리는 말하기, 듣기, 보기 능력을 각각 잘하는 것뿐만 아니라, 이들을 종합적으로 발휘하고 조절할 수 있는 능력도 함께 개발해야만 한다. 마치 오케스트라에서처럼 각각 뛰어난 능력을 조화롭고 어우러지게 만드는 지휘자의 능력이 필요한 것이다. 우리에게 과연 지휘자의 능력이 있을까. 오랜 고민 끝에 발견한 정답은 '눈치'였다. 이제부터 그 이유를 하나씩 소개해 보자.

19.
눈치가 장난 아닌 [그들]을 카피하라

[영어에서 눈치는 Social awareness, Tact, 또는 Situational awareness라는 표현 등이 있다. 이 세 가지 단어는 각각 미세한 의미 차이가 있다. Social awareness는 사회적 관계를 중심으로 주변을 이해하고 파악하는 능력을 의미하며 여기에는 타인의 감정이나 분위기, 비언어적 신호가 포함된다. Tact는 상대방의 감정을 파악하고 그에 맞게 말하는 능력으로, 따라서 상대방에 대한 배려가 포함된다. Situational awareness 역시 주변 환경이나 상황에 대한 파악과 적절한 대응이 포함된다.]

눈치 없는 A

눈치로 의사소통 스킬을 업그레이드할 수 있을까에 대한 공감을 이끌어내기 위해서 우선 눈치가 어떤 능력인가에 대한 기본적인 이해가 있어야 한다. 그래서 여기 눈치 스킬이 없는 A의 이야기를 소개한다.

중요한 미팅이 있는 날이었다. A는 새벽부터 부지런히 멋을 부렸다. 매끄럽게 차려입은 검은색 재킷 안쪽에는 E사 명품 스카프가 살짝 내비치도록 연출했다.

일찍 출근해서 사무실 정리를 하고 있을 때, 그녀의 직속 상사 B가 문을 열고 들어왔다. 함께 회의에 참석하기 위해 상사 B도 서둘렀던 것. 그런데 상사 B의 목에도 스카프가 둘려 있었다. 그녀가 평소 애장하던 스카프임을 주변 사람 모두가 알고 있었다. A가 B에게 인사를 건네고 얼마 지나지 않아서, 상사 B는 자신의 스카프를 소중히 접어서 핸드백 안에 집어넣었다. A의 목에 둘러있던 스카프를 발견했던 것이다.

지나치게 멋을 부린 두 여인으로 남게 될 자신들의 첫인상을 염려했던 B는 조용히 한발 물러섰다. 안타깝게도 A는 이 날부터 눈치 없는 사람으로 찍히고 말았다.

생각해 보면 늘 우리 주변에는 '눈치 있다' 혹은 '눈치가 빠르다'라고 평가받는 눈치가 장난 아닌 '그들'이 있었고, 우린 한 번쯤은 '그들'과 비교를 당하곤 했다. '그들'은 누구인가. 이미 눈치를 스킬로 활용할 줄 아는 사람들이다.

'그들'은 어떻게 눈치 스킬을 사용할까

어쩌면 생각보다 간단하다. 당신보다 열심히 자신들의 주변을 살피고 탐색한다. 물론 누구나 온종일 눈을 뜨고 있고, 무언가를 응시하고 있다. 나도 마찬가지다. 그런데 왜 '그들'은 '눈치 스킬'을 발휘하고, 나는 그저 '눈 뜨기'만 하고 있는 것일까?

그 차이는 바로 관심에서 온다. '그들'은 자신이 속한 세상과 주변 사람들, 특히 그 사람들의 변화에 관심이 넘친다. 사람들의 말투나 표정, 평소와 같거나 다른 행동, 자신을 둘러싼 주변의 변화나 특이점 등을 놓치지 않는다.

또한 '그들'의 탐색은 적극적이다. 지치지 않는 탐색으로 주변에 관한 관심을 끌고 가며, 그것을 통해서 의미 있는 발견을 한다. 발견의 대상은 사람의 마음이나 감정, 기분이 될 수도 있고, 특이한 정황이 될 수도 있다. 예를 들어서 옷차림, 구두, 액세서리, 가방 등을 스캔해서 상대방의 경제적, 사회적 위치나 성격, 직업, 취향 등을 발견하기도 한다.

모든 일에 별일이 없는지, 오늘은 어째서 어제와 다른지, 상대방은 오늘 어떤지 등을 궁금해하는 작은 차이가 '그들'과 나를 명확히 구분 짓는다. '그들'과 나의 차이는 작은 차이였지만, 결과에 이르러서는 엄청난 격차로 벌어진다.

나는 놓쳤고, '그들'은 발견한 것들은 '그들'만의 귀중한 정보가 된다. 상사 B의 목에 걸린 스카프처럼 말이다.

그날 A가 상사의 불편한 기색을 눈치채고, 재빠르게 자신의 스카프를 거두었다면 어땠을까. 상황은 정반대로 흘러갔을 것이다. 상사 B는 A를 눈치 빠르고, 예의 바르고, 센스 있는, 그래서 함께 일하면 기분 좋은 부하 직원으로 낙점했을지도 모른다. 그러나 A는 기회를 놓치고 말았다.

20.
눈치 있음과 눈치 없음

[눈치는 보고, 듣고, 말하는 모든 것을 종합적으로 활용하고 의사소통을 돕는 고유한 능력으로 볼 수 있는 매력이 있다. 따라서 눈치의 차이가 스킬의 차이를 좌우한다고 할 수 있다.]

눈치 있음

직장에서 '나 홀로' 일하는 사람은 거의 없다. 1인 기업의 소유주나 아르바이트생일지라도 협업과 소통은 필수다. 특히 둘 이상의 개인이 모인 조직 Organization에서는 다양한 사회적 관계 Social Relationships가 형성되며, 이로 인해 대인관계에서의 소통이 더욱 중요해진다. 문제는 '소통'을 얼마나 잘하느냐인데, '눈치 있는 사람'은 그렇지 않은 사람보다 소통을 훨씬 더 수월하게 할 수 있다.

눈치 있는 사람은 독단적으로 행동하지 않는다. 그들은 무의식적으로 주변의 말에 귀를 기울이고, 작은 변화도 주의 깊게 살피며 자연스럽게 주변에 융화된다. 또한, 폭넓은 관찰을 통해 갈등의 신호를 빠르게 감지하고 이에 민감하게 대응하기도 한다.

눈치 있는 사람은 타인의 감정을 잘 이해하며, 다양한 상황에서 불필요한 감정 소모나 갈등을 줄이려고 노력한다. 팀원들과 발맞춰 배려하며 협력하고, 상황에 따라 유연하게 태도를 전환한다. 이러한 유연성은 조직 내에서의 생존력과 적응력을 높인다.

이러한 능력 덕분에 눈치 있는 사람은 조직 내에서 소통을 원활하게 하고, 팀원 간 협력을 촉진하며, 주변의 요구와 기대를 잘 파악해 생산성과 효율성 향상에 기여한다.

눈치 없음

눈치는 보통 긍정적 의미로 쓰일 때가 더 많다. '눈치 있는 사람'은 영리하고 싹싹하며, 누군가를 기분 좋게 하는 예의 바름과 사회성이 좋은 사람이란 의미로 쓰인다.

반대로 '눈치가 없는 사람'은 보통 이런 좋은 말을 붙이기에는 좀 부적절한 사람을 우회적으로 부를 때 사용된다. 이런 사람은 의도치 않게 누군가를 불편하게 만들거나 무례한 사람이 될 수도 있다.

개그 프로그램 소재로 자주 등장하는 눈치 없는 주인공, 집에 도둑이 들어도 눈치를 못 챈다. 주변 사람에게 물이 튀든

말든 상관없이 비 맞은 우산을 털어 댄다. 결국엔 대중에게 웃음을 선사하며 마무리되지만, 현실에서 이런 사람과 함께 근무하는 것이 TV 속 프로그램을 시청할 때처럼 유쾌하지는 않을 것이다.

눈치가 부족하면 조직의 진정한 일원이 되는 데 시간이 걸리고, 주변 사람들과 매끄럽게 동화되기 어렵다. 조직 생활에서 눈치가 없는 사람은 혼자 튀어나가거나, 뒤처지거나, 혹은 조직 분위기에서 겉돌기 쉽다. 결과적으로, 이런 구성원은 조직 문화에 적응하는 데 어려움을 겪기 마련이며, 때로는 주변 사람들에게 불편함을 주거나 일의 효율성을 떨어뜨리는 상황을 초래할 수도 있다. 조직 문화에 적응이 더딘 구성원은 결국 조직을 떠나는 경우도 생긴다.

물론 눈치가 부족하다는 이유만으로 고용이 거부될 정도의 큰 흠결로 보기는 어렵다. 그러나 눈치 없는 사람과 함께 일하는 건 상당히 불편할 수 있다. 이러한 사람에게는 신뢰를 바탕으로 진솔한 이야기를 털어놓기 어렵다. 그들은 무엇이 비밀인지, 언제 어디서 누구와 이야기해야 할지에 대한 감각이 부족해 중요한 정보가 새어나갈 위험도 있기 때문이다.

반면, 상황을 잘 파악하고 적절히 대응하는 눈치 있는 사람과 일할 때는 대화와 협력이 훨씬 매끄럽다. "척" 하면 알아서 "탁" 해주는 눈치 있는 사람과 일하면 효율성도 높아지고 팀워크 역시 강화된다.

21.
우리의 목표는 더 멀리 보는 것이 아니다

[하늘을 나는 새의 시력이 아무리 좋아도 그 새가 인간을 뛰어 넘는 눈치를 가졌다고는 상상하기 힘들다.]

오감정복

인간은 태어날 때부터 듣고, 숨 쉬고, 먹고, 보고, 느끼며 성장하지만, 이것이 특별한 능력이라는 사실을 자각하지 못한 채 평생을 살아간다. 나아가 오감을 발달시키고, 연습하는 노력을 기울일 필요가 있다고도 생각하지 않는다. 그저 퇴화를 늦추는데 더 관심을 쏟았다는 표현이 맞을 것 같다.

그러나 아이러니하게도 인간의 오감에 주목한 것은 기계였다. 이러한 사실은 그동안 기계나 로봇, AI가 오감을 따라 하고, 인간의 능력을 뛰어넘으려는 방향으로 발전해 왔다는 점에서 드러난다. 쉬운 예로, 인간의 청력과 관련된 보청기, 이어폰, 도청 장치 등은 인간의 청력 수준을 벗어나기 위한 업그레이드를 지속해서 거쳐 왔다.

끈질긴 기술 개발의 결과, 안타깝게도 오감 자체만 놓고 본다면, 기계는 이미 한참 전에 인간을 능가했다.

기계에도 눈이 있다

카메라는 인간의 눈과 거의 흡사한 기계지만, 실제로는 인간의 눈보다 훨씬 뛰어나다. 인간은 육안으로 수백 미터를 보기 힘들지만, 고성능 광학 카메라를 탑재한 광학 위성은 수백 킬로미터 상공에서 지구에 주차된 차량의 번호판까지 인식할 수 있다.

2022년 6월 21일에 성공적으로 발사된 우리나라의 누리호(Nuri)는 15분 45초 동안 셀프 촬영한 영상을 통해 발사 전 과정과 성공적인 우주 안착 후 촬영한 푸른 지구의 모습을 담았다. 저궤도 위성(Low Earth Orbit Satellite, LEO) 궤도를 목표로 삼은 누리호는 700km 상공에서 성공적으로 첫 임무를 완수했다.[72]

한국 최초의 달 탐사선 다누리호는 지구로부터 무려 124만 km 떨어진 거리에서 지구와 달이 함께 담긴 사진을 촬영해서 보내온다.[73]

얼마 전에는 재난 구조 로봇이 학습된 공간 정보를 활용하여 피해자의 위치를 파악할 수 있는 시각 인지 인공지능 알고리즘도 개발되었다.[74] 적외선을 이용해 밤에도 움직임을 볼 수 있을 뿐만 아니라, 공장에서 불량품을 검사하는 작업도 로봇에 달린 카메라가 사람보다 훨씬 뛰어난 성과를 보인다. 이 정도 발달 속도라면, 머지않아 시각 장애인이 안내견이 아니라 로봇개에 부착된 카메라에 의지해 동네를 산책하게 될 것이다.

눈치가 스킬이 되기 위해서는

하지만 최첨단 카메라도 볼 수 없는 것들이 있다.

재난 구조 로봇의 인공지능 알고리즘이 붕괴된 구조물에 가려진 피해자를 발견할 수는 있을지라도, 24시간 동안 죽음의 공포에 떨다가 가까스로 구조된 사람의 감정이나 기분을 들여다볼 수는 없다. 상대방이 어딘가 불편해 보인다는 것은 찡그린 표정을 인식한 로봇도 알아챌 수 있겠지만, 그 불편함이 컨디션이 좋지 않아서인지, 옷이 불편해서인지, 싫어하는 음식 때문인지는 알 수 없다. 시각이 뛰어나다고 해서 상대방의 기분이나 마음을 볼 수 있는 것은 아니기 때문이다.

비단 로봇만의 이야기가 아니다. 지구 위, 무수히 많은 생명체도 시각을 가지고 있고, 그들만의 언어로 듣고 말하며 소통한다. 어떤 면에서는 다른 생명체들이 훨씬 더 뛰어날 수도 있겠지만, 하늘을 나는 새의 시력이 아무리 좋아도 그 새가 인간을 뛰어넘는 눈치를 가졌다고는 상상하기 힘들다.

이런 것들을 알기 위해서는 단순히 남을 잘 살피는 것이 아니라, 탐색을 통해 모은 정보들을 종합적으로 판단할 수 있는 능력이 있어야 한다. 축적된 경험도 중요한 작용을 한다. 우리는 화가 나면 인상을 쓰거나 평소보다 목소리 톤이 올라간다는 것을 경험상, 직감적으로 알 수 있다. 또한, 사람들이 때로는 의도적으로 거짓말을 하거나 진실을 숨기고 부풀리기도 한다는 사실을 알고 있다.

우리에게는 이 모든 것이 종합적으로 어우러진 눈치라는 스킬이 있다. 눈치는 상대방의 눈에 담긴 진심과 같이 드러나지 않는 것을 읽는 능력이며, 기계가 따라 하기 힘든 스킬이다. 시력이 뛰어난 새나 기계가 볼 수 없는 것들을 볼 수 있게 해 준다.

그러나 우리의 관심과 적극적인 탐색에 의해서만 작은 변화와 숨겨진 본질을 눈치챌 수 있다. 눈치라는 능력을 고유 스킬 Skill로 인식하고, 개발하려는 의지가 있어야만, 이것이 개인의 능력이 될 수 있다. 눈치를 시각이라는 감각 Sense로만 받아들이는 수준을 벗어나야 한다.

눈치는 더 멀리 보고, 더 잘 듣는 능력과는 다른, 새로운 인간 고유 스킬이며, 이를 개발함으로써 우리는 업그레이드할 수 있다. 더 멀리 보는 것은 스킬 큐레이션의 목표가 될 수 없다.

22.
평범한 눈치, 특별한 능력

[파악하고, 판단하고, 적절한 행동으로 이어지는 종합적 사용이 가능한 것, 이것이 바로 인간 고유 스킬이다.]

눈치가 빛나는 순간들

우리 대부분은, 읽고, 검색창에 검색하고, 사람을 만나서 소통하고, 먹고, 주어진 일을 하고, 혹은 그저 무심히 바라보는 활동을 하며 소중한 하루를 보낸다. 이 모든 활동이 바로 눈의 정보 수집 활동과 관련된다. 외부 세계로부터 받아들이는 정보의 대부분이 우리의 눈을 통해서 전달되고, 이 활동은 눈을 감고 있지 않는 한 끊임없이 지속된다. 만일 시각을 잃는다면, 눈을 통해 일어나는 모든 활동이 중단될 것이다. 그래서인지 오감 기관 중에서 눈이 가장 으뜸으로 꼽히며, 인간은 시각을 잃는 것을 가장 두려워한다.

시각을 활용하는 수준은 개인마다 차이가 있다. 똑같은 장면을 봐도 중요한 것을 놓치는 사람들도 있고, 보이는 그대로만 받아들이거나 혹은 왜곡해서 받아들이는 사람들도 있다.

반면 어떤 이들은 시각을 통해 전달된 정보의 숨은 의미까지도 본능적으로 감지하고 분석해서, 그 속 깊숙이 감춰진 '진짜'를 알아챈다. 이것은 시각에서 파생되지만, 감각으로 볼 수 없는, 감각을 넘어선 능력이다. 겉을 감싸고 있는 껍데기를 꿰뚫고, 남들은 모르는 알맹이를 알아보는 능력, 우리는 이것을 '눈치'라고 부른다.

  2023년 2월, 서울의 한 은행 창구 직원은 지점을 방문한 60대 여성 고객에게서 이상한 낌새를 감지하고 눈여겨보았다. 이 여성은 현금 수백만 원을 송금하려고 했는데, 송금과 관련된 직원의 물음에는 명확한 답을 하지 못했다. 고객의 태도, 땀을 흘리는 얼굴, 전화기를 놓지 못하는 손을 보고, 보이스 피싱을 의심한 직원은 재빠르게 경찰에 신고했다. 닷새 뒤에는 한 20대 여성이 현금 인출을 시도했고, 이때도 역시 은행 직원은 이상함을 감지했다. 직원의 재빠른 신고로 경찰이 출동했고, 마침내 보이스 피싱범을 검거하면서, 수천만 원에 해당하는 피해를 막을 수 있었다.
  - MBC 뉴스, 2023. 3. 8.[75]

  이날, 은행 직원은 첨단 보안 시스템이나 사방을 둘러싼 CCTV조차 놓쳤던 범죄의 낌새를 눈치챘다. 은행 직원의 눈치는 시각적 정보를 조합하고, 숨겨진 메시지를 유추하고, 그에 알맞은 행동으로 이어졌다.

평범한 눈치에 이렇게나 특별한 능력이 담겨 있던 것이다.

'눈치'란 '다른 사람의 기분이나 주어진 상황을 빨리 알아차리는 능력(위키백과)'[76], 또는 '일의 정황이나 남의 마음 따위를 상황으로부터 미루어 알아내는 힘(국어사전)'으로 정의된다.[77]

눈치는 있는 게 훨씬 낫다. 눈치가 있는 사람이 없는 사람보다는 손해를 덜 보고 이득은 더 본다. 확실히 덜 혼나고, 위험을 잘 피한다.

사람들은 '눈치 있다' 혹은 '눈치 없다'라는 소리를 어릴 때부터 듣고 자라 왔기 때문에 눈치라는 단어에는 꽤 익숙하다. 그러나 지나치게 익숙해서일까. 이것을 고유한 스킬로 보기에는 좀 가볍고, 없으면 답답한 개인의 어정쩡한 특징 정도로만 여겨 왔다.

하지만 눈치가 우리의 중요한 능력이라는 증거는 우리의 일자리와 일상에서 반복되는 깨알같이 사소하고 평범한 상황들 속에 넘쳐 난다.

안경테를 맞추거나 옷을 고를 때, 고객의 반응을 보고 마음에 들어 하는 제품을 칭찬하거나, 여러 개를 시키는 손님에게 세트 메뉴를 추천하는 것이 여기에 해당한다. 갑자기 몸이 아프거나 급한 일이 생긴 동료 직원을 대신해 야근을 자처하거나 서류 분류 중인 상사에게 스테이플러가 필요할 것을 예상하고 미리 준비하는 행동도 마찬가지다.

조직 문화 속 눈치의 활약

일자리에서도 눈치의 긍정적인 효과는 빛을 발한다. 우리의 일자리가 속해 있는 각각의 조직 Organization은 마치 하나의 유기체처럼 생성된 후, 발달하고, 쇠퇴하는 과정을 겪는다. 그리고 그 과정에서 조직 문화라는 특유의 문화를 형성한다.

1979년 처음 학계에 조직 문화 Organizational culture라는 용어를 소개한 페티그루(Pettigrew, 1979)[78]는 조직 문화를 한 조직의 상징, 언어, 이념, 신념, 의식, 전통 등 그 조직에 존재하는 총체적 개념의 원천으로 보았다. 이후 오우치(Ouchi, 1981)[79]는 조직의 전통과 분위기로서 조직의 가치관, 신조 및 행동 패턴을 규정하는 기준이라고 정의하였고, 카메론과 퀸(Cameron &Quinn, 1999)[80]은 언어와 상징, 절차, 리더십 유형, 성공의 척도를 통해서 구성원들이 가치 있는 것으로 여기는 것들의 총체라고 규정하였다.

많은 학자들의 의견에 공통적으로 포함되는 개념들에 비추어 볼 때, 조직 문화란 그 구성원들 간에 공유되는 가치, 신념, 규범 등으로 구성된, 조직 구성원들의 행동을 이끄는 포괄적 가이드라인(Guideline)이라 정의할 수 있겠다.

조직 문화는 조직이 처한 상황에 따라 다양하다. 카메론과 퀸(Cameron &Quinn, 2011)[81]은 네 가지 대표적인 유형을 소개했다.

관계 문화(Clan)는 가족 같은 유대감을 강조하고 친밀감, 사명감, 충성심과 같은 인간 지향적 가치들을 중시한다. 조직의 성장에 초점을 맞춘 혁신 문화(Adhocracy)는 역동적이고, 유연하며 창의적이지만 과도하게 성장 중심이라는 위험도 내포하고 있다. 위계 문화(Hierarchy)란 조직이 처한 환경에 대한 통제를 주된 가치로 지향한다. 이를 위해 형식화, 구조화, 절차, 조직의 효율성과 안정, 그리고 성과 향상 등이 중요시된다. 시장 문화(Market)는 목표나 성과의 달성과 더불어 경쟁을 중시한다.

이 중 어떤 조직 문화도 다른 조직 문화와 비교하여 우세하거나 열등하다고 판단할 수 없다.

예를 들어 국가의 경찰 조직은 유연(Flexible)한 것이 아니라 변함없고(Stable), 질서 정연할 때 통제가 잘 되고, 경찰

본연의 임무를 효율적으로 수행할 수 있다. 반대로 연구와 개발을 주요 업무로 하는 벤처 기업은 혁신적 가치나 경쟁력, 자유로운 창의력을 우선한다는 점에서 존중받을 것이다.

이 두 조직의 조직 문화는 서로 다르며, 이때 어느 것이 더 뛰어나다는 평가를 할 수는 없다.

[눈치: 불명확한 것, 아무도 알려 주지 않는 것을 스스로 알아채는 인간의 능력]

이처럼 조직 문화는 다양하고, 광범위하고 포괄적이다. 우리가 속한 직장의 조직 문화는 다른 직장의 조직 문화와는 다르다. 우리는 모두 나름대로 조직 문화에 적응하기 위해서 노력한다.

그리고 그중에는 정해진 규칙이나 규범처럼 적힌 대로만 따르면 되는 것들이 있는데, 이들은 비교적 받아들이기가 수월한 편이다. 하지만 조직 문화의 모든 것을 완벽히 매뉴얼화하기란 불가능하다. 신념, 믿음, 가치처럼 정의하기 어려운 것들도 있고, 눈에 보이지 않는 것도 있어서 더욱 그렇다. 기업의 철학은 또 어떠한가. 문장으로 정의를 해 놔도 어려운 경우가 허다하다.

특히 사람들 사이의 분위기나 암묵적 룰 같은 경우는 파악하기가 힘들고, 적응에 시간이 오래 걸린다.[82] 즉, 조직 문화에는 수면 아래 가라앉아 있는 것들이 많고, 그렇기에 따라야 할 매뉴얼도, 정답도 없다. 이런 이유로 조직 문화에 적응하는 것은 개인차가 있을 수밖에 없다.

반소매 셔츠 입어도 괜찮아요?

조직 문화에 적응하는 일이 특히 어렵다면 구성원들의 행동을 관찰하고 따라 하는 것을 추천한다. 조직 문화의 구성요소들은 만질 수도, 볼 수도 없는 것들이지만, 결국에는 조직 문화라는 가이드라인이 구성원의 행동이라는 결과로 나타나기 때문이다.

어떤 외국계 회사의 신입사원 A는 절대로 반소매 셔츠를 입지 않는다. 한여름 더위에도 재킷 안에 긴소매 셔츠를 입고 있다. 궁금해서 이유를 물었더니, 그냥 자기들은 그렇다는 대답이 돌아왔다. 부장님도 이사님도 반소매는 입지 않는데, 자기만 입을 수는 없다는 게 이유였다. 고용 계약서에 여기에 관련된 드레스 코드가 적혀 있지는 않지만, 그것이 자신들만의 룰이라고 설명했다.

신입사원 A는 '자신들만의 룰'이라고 했지만, 반소매 셔츠를 입지 않는다는 암묵적 룰이 존재했고, 그것이 바로 그 회사의 조직 문화다. 굵직한 국내 기업들의 회계 감사나 감정 평가를 주 업무로 하는 이 회사 드레스 코드에는 조직 문화가 스며 있던 것이다.

직원들의 긴소매 셔츠가 그들을 좀 더 격식 있어 Formal 보이게 하고, 완벽히 준비된 전문가라는 깊은 인상을 고객에게 주기 때문이다. 다시 말해서 최고의 전문가 집단이라는 조직의 자부심이 형식을 갖춘 드레스 코드라는 행동으로 나타난 것이다.

이렇듯, 행동을 잘 들여다보면 조직 문화가 보인다. 그래서 조직 문화를 잘 받아들이기 위해서는 주변을 살피고, 조직 구성원들의 행동을 눈여겨보고, 눈치껏 조직 문화를 받아들이고, 배우고, 흡수하는 방법이 도움이 된다.

다른 사람들이 처한 환경을 보면서 이러면 좋구나, 저런 건 안 좋구나, 빠르게 터득해 나가는 것은 지능이나 학벌과는 상관없다.

이는 다른 사람들의 속도와 취향에 맞추는 능력으로, 조직 생활에서 매우 중요하다. 그래서 눈치는 분명히 존재하지만 어딘가에 명시되어 있지는 않고, 아무도 알려 주지 않는 것을 스스로 알아채는 능력이며, 조직 생활을 결정하고 우리의 일자리를 지키는 스킬이다.

23.
적당히, 제때, 알아서

[눈치 스킬이 지나치게 발달하면 아부쟁이나 기회주의자로 여겨질 수 있지만, 아예 없는 것은 훨씬 더 곤란하다.]

눈치가 고무줄도 아니고

"눈치를 늘릴 수 있을까?"

"타고나는 것은 아닐까?"

눈치 스킬의 전략적 개발은 당연히 가능하다. 실제로 우리는 가끔 '눈치가 많이 늘었다'는 칭찬을 듣기도 한다.

하지만 문제는 우리는 눈치를 스킬로 개발해본 적이 없다는 점이다. 그래서 '어떻게 개발해야 할까'가 쉽지 않은데, 눈치 스킬을 개발하기 위해서는 다음의 세 가지를 기억하자.

첫째, 적당히

없어도 문제가 되고 지나쳐도 역효과를 낳는다면, 적절하게 눈치를 발휘할 수 있게 해야 한다. 상사의 심기가 불편해 보이면, 그 원인을 파악하고 해결하고자 노력할 수 있다. 하지만 매순간 상사의 기분 맞추는 데에만 급급할 필요는 없다. 자신이 속한 환경에서 민감하게 주변을 지켜보며 적극적으로 탐색하는 것이, 공짜 기회를 얻으려는 기회주의자의 탐욕처럼 보여서는 안 된다.

'눈치를 살살 본다', 혹은 '눈치꾸러기'라는 표현은 눈치가 너무 과하여 지나치게 남을 살피거나, 위축되어 행동하는 사람을 부정적으로 깎아내릴 때 쓰인다.

과한 눈치 보기, 특히 상대방이 알아차릴 정도로 살피는 것은 부정적인 효과를 낳는다. 동료의 안색이 안 좋아 보여서 무슨 일이 있느냐고 묻는 것과 퇴근 후 뭐했는지를 매일 묻는 것은 상당히 다른 경우다. 자칫하다가는 상대방을 감시하거나 대놓고 살피는 무례한 사람이 될 수도 있다. 지나치면 남 일에 참견하기 좋아하는 참견쟁이나 오지라퍼가 될 수도 있다.

그러나 모자라면 둔하고, 자기밖에 모르고, 배려심이 '1'도 없는 개인주의자가 되기 십상이다. 어떤 수준이 적정한지는 상황에 따라 천차만별일 것이다. 결국, 남을 편하게 하고 자신이 욕먹지 않는 수준이 적정 수준이다.

둘째, 제때

순간순간 적절한 타이밍을 잘 선택해야 해서 눈치 스킬은 탐색하고 발견하고 행동하기만 하면 되는 간단한 스킬이 아니다. 예를 들어서 무더운 여름날 외근을 마치고 돌아온 동료에게 에어컨 바로 앞자리를 내주는 것을 머뭇거린다면, 가장 적절한 타이밍을 놓치게 된다. 그러나 방금 상사에게 심한 말을 들은 사람에게는 잠시 위로를 미뤄 두는 편이 나을 수도 있다.

적절한 타이밍은 정해져 있지 않다. 하지만 눈치가 가장 빛을 발휘하는 타이밍은 있다. 상대방에게 소금이 필요할 때, 그러나 그것을 '요구하기 전'이 바로 눈치가 빛을 발하는 순간, 소금을 건네줄 타이밍이다.

셋째, 알아서

마지막으로 눈치 스킬을 가장 어렵게 하는 점은 바로 여기에 '알아서'라는 개념이 들어 있기 때문이다. 메뉴 선택 시 '아무거나'라는 주문이 가장 어려운 것처럼, '알아서' 잘하는 것은 대부분 사람들이 가장 껄끄럽게 생각하는 매뉴얼이다.

차라리 독한 매뉴얼이라도 있다면 어떻게든 거기에 맞추겠지만, '알아서'에는 따라갈 룰이 없다. 동료가 컨디션이 좋지 않아 보이면 평소보다 더 신경을 써주고, 오늘 직원 식당의 메뉴를 마음에 들어 하지 않는 것 같으면 회사 앞 식당을 제안하는 것, 즉 알아채고 그것에 맞게 행동해야 한다.

다시 말해서 '알아서'는 인간 고유의 영역이다. 누군가는 이를 쉽게 알아내고 척척 해내지만, 누군가는 핀잔을 들어도 나아지지 않는다. 그래서 눈치 스킬의 개발이 더욱 어려운 것인지도 모르겠다.

눈치는 인간 고유 스킬이다. 기계가 카피하기 힘든 것이다. 눈치 빠른 기계는 세상 어디에도 없다.

눈치 스킬은 소프트 스킬이다. 상대방의 마음을 읽고, 원하는 것을 파악하는 능력은 인간관계에서 매우 중요한 역할을 한다.

주의할 점은 지나치게 눈치를 보는 경우 자신감이 결여된 것처럼 보일 수 있다는 것이다. 또한, 남이나 주변에 관한 관심이 1순위일 필요는 없으며, 자신의 주체성을 잃지 않도록 유의하자.

눈치 스킬이 지나치게 발달하면 아부쟁이나 기회주의자로 여겨질 수 있지만, 아예 없는 것은 훨씬 더 곤란하다.

부록

소프트 스킬로 빛나는 당신의 프로필

24.
소프트 스킬 예시

앞서 우리는 소프트 스킬이 매우 다양하고 광범위하다는 점을 확인했다. 이는 인간관계에서 필요한 모든 종류의 능력을 포괄하며, 대인관계뿐만 아니라 자기 내면, 성격적 특성, 감정, 태도를 관리하는 역량까지 포함한다.

이처럼 소프트 스킬의 종류가 많기 때문에, 이를 모두 이해하고 익히며 발전시키는 데는 한계가 있을 수 있다. 어디서부터 시작해야 할지 막막하게 느껴질 때도 있다. 그러나 몇 가지 대표적인 소프트 스킬을 살펴보는 것만으로도 직장 생활, 고용, 그리고 경력 성공에 필수적인 소프트 스킬의 핵심 개념을 이해하는 데 큰 도움이 된다. 또한, 다양한 소프트 스킬에 익숙해지는 과정은 이를 효과적으로 개발하는 데 중요한 첫걸음이 될 수 있다. 이러한 맥락에서, 여기 대표적인 소프트 스킬의 예시를 소개한다.

<소프트 스킬의 예>[83]

의사소통 스킬(Communication)

"그러니까 제가 드리고 싶은 말씀은…."

- 의사소통 스킬은 자신의 생각, 아이디어, 감정을 다른 사람에게 명확하고 효과적으로 전달하는 능력을 말한다.
- 또한, 다른 사람의 정보를 받아들이고 그 내용을 이해하는 능력도 포함된다. 여기에는 적극적 경청과 비언어적 표현의 이해가 중요하다.
- 의사소통은 다양한 형태로 이루어지며, 언어적, 비언어적, 서면 의사소통과 더불어 문화적 소통, 적극적 경청, 디지털 커뮤니케이션도 포함된다.
- 다른 사람에게 자신의 생각, 아이디어, 감정을 전달하고 표현하는 방법을 포함한다.

언어적 의사소통(Verbal Communication)
- 언어적 의사소통은 말을 통해 생각과 정보를 전달하며,

자신의 감정과 의견을 표현하는 능력이다.
- 이는 긴밀한 관계 형성, 갈등 해결, 문제 해결, 효과적인 협업 등에서 필수적이며, 상대방과의 상호작용에 중요한 역할을 한다.

글쓰기 능력(Writing)

- 글쓰기 능력은 생각, 정보, 아이디어 등을 명확하고 조직적으로 표현하는 능력이다.
- 논리적이고 일관성 있는 구성을 바탕으로 문법과 구문 등을 정확히 사용하는 것이 핵심이다.

프레젠테이션 스킬(Presentation skills)

"이번 슬라이드는 지점별, 월평균 판매량과 고객 불만 사항에 초점을 맞췄습니다. 이해하기 쉽도록 간단한 그래프와 실질적인 사례를 추가했습니다."

- 프레젠테이션 기술은 청중을 대상으로 자신의 아이디어와 정보를 정확하고 설득력 있게 전달하는 능력을 말한다.

- 이 기술에는 적절한 시청각 자료의 활용과 자신감 있는 태도가 핵심적으로 요구된다.
- 매력적인 프레젠테이션은 청중의 관심, 공감, 신뢰를 얻는 데 도움을 주며, 나아가 의사결정에 긍정적인 영향을 미칠 수 있다.

감성 지능(Emotional Intelligence)

"제가 도울 수 있는 부분이 있을까요?"

- 자신의 감정을 정확히 이해하고 이를 조절하는 능력은 스트레스 관리와 안정적인 의사결정을 돕는다.
- 상대방의 감정을 이해하며 적절히 공감하는 능력은 갈등을 해결하고 신뢰를 구축하는 데 효과적이다.
- 감성 지능은 스트레스 관리, 대인관계의 질 향상, 그리고 업무 성과에도 긍정적인 영향을 미친다.

팀워크(Teamwork)

"각자의 역할과 강점을 살려서 진행해 보면 좋겠습니다. 제안 사항이 있으면 편하게 말씀해 주세요."

- 팀의 목표를 달성하기 위해 팀원들과 효과적으로 소통하고 협력하며, 긍정적이고 신뢰할 수 있는 관계를 구축하는 능력이다.
- 갈등 중재, 협력, 조정, 포용력, 그리고 새로운 아이디어에 대한 개방성은 물론, 다른 사람의 의견과 생각을 존중하는 태도가 중요하다.
- 이러한 역량은 팀과 개인의 만족도를 높이고, 긍정적인 환경을 조성하여 목표 달성에 기여한다.
- 아이디어와 자원을 적극적으로 공유하며, 자신의 역할과 책임을 충실히 수행하는 동시에 다른 팀원을 지원하는 자세가 필요하다.
- 신뢰를 바탕으로 관계를 형성하고, 효과적으로 의사소통하며, 피드백을 수용하는 태도 역시 성공적인 협력을 위해 필수적이다.

네트워킹(Networking)[84]

"지난번 컨퍼런스에서 담당자를 만났는데, 흥미로운 소식을 들었습니다."

- 다양한 사람들과의 관계를 구축하고 유지하며, 신뢰를 쌓기 위한 시작점이 될 수 있다.
- 다른 사람들과의 연결은 개인적 또는 직업적 기회를 발견하는 창구가 될 뿐만 아니라, 상호 이익이 되는 다양한 이점을 공유할 수 있는 기반을 만든다.
- 이러한 관계를 성공적으로 유지하기 위해서는 진심 어린 소통과 상호 존중이 무엇보다 중요하다.
- 관계 형성은 단순한 인사말을 넘어 서로의 가치를 이해하고, 지속해서 긍정적인 교류를 이어가는 능력을 포함한다.

대인관계 커뮤니케이션
(Interpersonal communication)

"그 부분은 제가 설명해 드릴 수 있습니다. 시간 괜찮으신가요?"

- 다른 사람들과 효과적으로 소통하고 신뢰를 쌓으며, 사회적 네트워크를 구축하는 능력은 긍정적인 관계를 형성하는 데 핵심적이다.
- 이러한 역량은 갈등을 예방하고 팀 환경에서 협력을 촉진하여 성과를 높이는 데 기여한다.
- 효과적인 의사소통, 적극적인 경청, 공감 능력, 갈등 해결, 신뢰 구축, 그리고 감성 지능 등이 이를 구성하는 중요한 요소들이다.
- 이러한 능력은 개인의 성공뿐만 아니라 조직의 목표 달성에도 긍정적인 영향을 미친다.

적극적 경청(Active listening)

"말씀을 듣고 보니, 우려할 부분이 A가 아니라 B인 것 같네요."

- 상대방의 메시지에 집중하며, 그 의미와 담긴 감정을 정확히 이해하는 능력이다.
- 비언어적 표현과 피드백에도 주의를 기울인다.
- 이러한 능력은 신뢰를 구축하는 데 도움을 주며, 효과적인 의사소통과 갈등 해결에 필수적인 스킬이다.

시간 관리(Time management)

"기한이 얼마 남지 않았으니, 우선순위를 먼저 정해서 처리하는 것이 좋을 것 같습니다. 어떻게 생각하시나요?"

- 업무의 방해 요소를 제거하고 집중할 수 있도록 업무 효율성을 높이고, 정해진 시간 안에 업무를 완수하는 능력이다.
- 한정된 시간 자원을 효율적으로 사용하기 위해 우선순위를 설정하고, 최적의 계획을 세워 이를 실행하는 능력이다.
- 시간 관리 스킬은 생산성을 높이고, 마감 기한에 대한 스트레스를 줄이며, 개인과 조직 모두에게 긍정적인 에너지를 가져오는 데 기여한다.

세부 사항에 대한 주의(Attention to detail)

"보고서의 몇 가지 수치에 오류가 있는 것 같습니다. 이메일을 확인해 주시겠습니까?"

- 작은 세부 사항에까지 꼼꼼히 신경을 써서 작업의 정확성과 품질을 보장하는 능력이다.

- 필요한 정보나 요소를 세심하고 철저히 점검하여 실수나 오류를 최소화하는 데 핵심적인 스킬이다.
- 이러한 능력은 고품질의 작업을 가능하게 하며, 그 결과로 생산성과 고객 만족도를 높이는 데 기여한다.

전략적 사고(Strategic thinking)

"업계 트렌드는 향후 5년간 변화 없을 것이 확실합니다."

- 목표 달성을 위해 장기적인 관점에서 미래를 대비한다.
- 상황을 분석하고 미리 계획하여 기회를 극대화하는 데 초점을 맞춘다.
- 주어진 정보와 자원의 효율성을 높이며, 위험을 관리하는 능력이다.

비판적 사고(Critical thinking)

"아이디어는 흥미롭긴 한데, 실행 과정이 복잡할 것 같아요."

- 객관적으로 정보를 분석하고 평가하여 논리적인 결정을 내리는 능력이다.
- 오류를 발견하고 해결 방안을 제시하며, 문제 해결 능력을 향상시키는 데 기여한다.
- 편견을 배제하고, 다양한 관점에서 증거를 평가하는 능력이 중요하다.

문제 해결(Problem-solving)

"현재 상황에서 가능한 모든 옵션을 고려했는데, 이 방식이 가장 효과적일 것 같아요."

- 문제 해결을 위해 논리적이고 체계적으로 당면한 문제의 본질을 파악하고, 이를 분석 및 해결하는 능력이다.
- 효과적이고 창의적인 솔루션을 제공하는 것에 그치지 않고, 실행 계획과 결과에 대한 지속적인 모니터링과 피드백을 제안한다.
- 업무 효율을 높이고, 목표 달성에 필수적인 능력이다.

문제 분석(Problem analysis)

"내부적으로 의논한 결과, A와 B의 해결이 시급합니다."

- 문제의 본질을 파악하고, 그 원인을 분석하는 능력이다.
- 비판적 사고, 정보 수집, 데이터 분석, 창의적 사고 능력이 포함된다.
- 이러한 능력은 효과적인 솔루션을 제공하고, 전략을 수립하는 데 유용하다.

의사결정(Decision-making)

"우리의 목표와 현재 지원 가능한 자원을 고려했을 때, 김 대리의 의견이 가장 적합하다고 생각합니다."

- 다양한 정보를 수집하고 분석하여 논리적 사고와 직관을 바탕으로 신속하고 정확한 결정을 내리는 능력이다.
- 다양한 데이터 분석, 옵션에 대한 장단점 비교, 그리고 이해관계자들에게 미칠 잠재적 영향을 고려할 수 있어야 한다.
- 이러한 능력은 조직의 목표를 효과적으로 달성하는 데 기

여하며, 선택에 대한 책임이 따를 수 있다.

직업윤리(Work ethic)

"회사의 가치를 훼손해서는 안 됩니다. 모든 절차를 윤리적으로 처리해 주세요."

- 신뢰감, 책임감, 성실함뿐만 아니라, 목표를 이루기 위해 기꺼이 남들보다 더 노력하는 능력이다.
- 직장에서 요구되는 도덕적 기준을 충족하며 사회적 책임을 다한다.
- 동료들과 신뢰를 구축하고 개인의 평판을 강화하며, 경력 면에서 성공을 이룰 수 있다.

조직력(Organizational skills)

"효율적인 업무 분담을 위해서 여러분의 역할에 대해 의견을 나눠볼까요?"

- 시간 관리, 우선순위 설정, 작업 분배 등을 활용하여 여러 작업을 효과적으로 관리하는 능력이다.
- 사안의 중요성과 긴급성에 따라 작업의 우선순위를 정하고, 업무의 원활한 흐름을 유지한다.
- 이러한 능력은 생산성을 높이고, 비즈니스 목표를 달성하는 데 도움이 된다.

혁신(Innovation)

"이번에는 새로운 접근 방식을 시도해 보고자 합니다. 의견을 제시해 주세요."

- 기존의 것을 뛰어넘는 새로운 아이디어나 제품, 프로세스, 해결책을 고안하는 능력이다.
- 창의적이며, 변화에 대한 적응력이 뛰어나고, 위험을 감수하면서도 문제를 개선하려는 뚜렷한 의지가 포함된다.
- 이러한 능력은 성장을 주도하고, 복잡한 문제를 해결하며, 고객 만족을 향상시키고, 조직의 경쟁력을 높이는 데 기여한다.

창의성(Creativity)

"기존의 틀을 벗어난 아이디어를 자유롭게 제안해 봅시다."

- 창의성은 고정 관념에서 벗어나 새로운 아이디어와 독창적인 해결책을 만들어 내는 능력이다.
- 효과적으로 문제를 해결하기 위해 다양한 각도와 관점에서 접근하며, 기존 자원과 지식을 활용한 혁신적인 시도를 가능케 한다.
- 상상력, 호기심, 아이디어를 연계시켜 새로운 제품이나 시스템을 개발하고, 조직의 혁신에 기여하는 능력이다.

공감(Empathy)

"김 대리 문제로 팀원들이 겪을 어려움을 충분히 공감합니다. 필요한 지원이 있다면 알려주세요."

- 타인의 감정과 서로 다른 입장, 다양한 경험을 이해하고 공감하는 능력이다.
- 적극적인 경청, 연민, 그리고 다른 사람의 처지에서 생각

하는 능력이 필요하다.
- 진심 어린 소통과 신뢰에 근거한 강력한 관계를 형성하며, 조직 내 갈등을 해결하고, 긍정적이고 상호 존중하는 문화를 조성하는 데 도움이 된다.

성장 마인드셋(Growth mindset)[85]

"새로운 스킬을 배울 기회가 될 것 같군요."

- 능력, 재능, 지식은 노력과 경험을 통해 향상될 수 있다는 믿음을 바탕으로 한다.
- 힘든 상황이나 장애물을 만났을 때, 자신이 더 나아질 수 있다는 믿음으로 대응한다.
- 실패와 도전을 자신의 한계를 넘어서 지속적으로 성장할 수 있는 기회로 삼는다.

고객 서비스(Customer service)

"고객님 정말 죄송합니다. 신속하게 해결책을 마련하도록 노력하겠습니다."

- 고객에게 정확하고 적절한 정보를 제공하며, 고객의 요구와 문제를 전문적인 방식으로 해결하여, 고객에게 회사와 관련된 긍정적인 경험을 제공한다.
- 적극적인 경청과 친절하고 전문적인 태도로 고객과 소통하는 능력이다.
- 고객 만족을 높이고, 바람직한 고객 관계를 형성하며, 브랜드 충성도와 회사의 평판에 긍정적인 영향을 미친다.

학습 민첩성(Learning agility)

"새로운 시스템에 익숙해지면, 분명 업무 효율이 높아질 거라 믿어요."

- 새로운 정보와 경험을 빠르게 이해하고, 쉽게 적응하며, 빠르게 배우는 능력이다.
- 오픈 마인드, 호기심, 그리고 실험하려는 의지와 관련이 깊다.
- 새로운 스킬과 지식을 습득하고, 지속적으로 개인적 및

전문적 성장을 강화하는 데 도움이 된다.

리더십(Leadership)

"팀원들의 강점을 최대한 활용할 수 있도록 지원하겠습니다."

- 다른 사람들에게 영감을 주고, 나아갈 방향과 지침을 제공하며, 동기 부여를 통해 공통의 목표를 달성하도록 이끄는 능력이다.
- 팀원들과 협력하며, 효과적으로 자원과 사람들을 배분하고 관리한다.
- 리더십 스킬은 커뮤니케이션 스킬, 문제 해결 능력, 전략적 사고, 긍정적 태도, 포용력, 팀워크 등이 연관되어 있다.

코칭 및 멘토링(Coaching and mentoring)

"이 부분을 조금 다듬으면 훨씬 더 나아질 것 같아요. 제가 몇 가지 팁을 드릴까요?"

- 다른 사람들이 그들의 목표를 달성하도록 돕기 위해 지도하고, 가르치며, 멘토링하는 능력이다.
- 피드백을 제공하고, 행동을 모델링하며, 전문적인 해결책을 제시하여 개인이나 팀의 성장을 지원한다.
- 동기 부여를 통해 개인과 팀의 성장을 촉진하고, 잠재력을 최대화한다.

목표 설정(Goal-setting)

"이번 달 목표 설정을 위해서 세부적인 논의를 거쳐야 할 것 같습니다. 함께 논의해볼까요?"

- 명확하고 실현 가능한 목표를 설정하고 이를 달성하기 위해서 노력하는 능력이다.
- 목표의 우선순위를 정하고, 지속해서 진행 상황을 점검하며, 필요시 목표를 조정한다.
- 결과에 집중하게 하여, 개인 및 조직의 성과를 극대화한다.

열정(Enthusiasm)

"조금만 더 힘 내봅시다!"

- 직무에 열정과 에너지를 가지고 접근하며, 도전적인 상황에서도 에너지를 잃지 않는다.
- 낙관적이고 부지런하며, 더 높은 성과를 달성하기 위해 스스로 헌신한다.
- 다른 사람들에게 영감을 주고, 긍정적인 태도를 촉진하여 팀과 조직의 성공을 위한 동기를 강화한다.

갈등 해결(Conflict resolution)

"두 분의 의견 차이를 이해했습니다. 이제부터는 공통점을 기반으로 해결책을 찾아봅시다."

- 갈등의 원인을 파악하고, 명확한 소통을 통해 갈등을 중재하여 모두가 만족하는 합의점을 찾는 능력이다.
- 적극적인 경청, 문제 해결 능력, 객관적인 태도, 조정 능력, 협상력 등이 포함된다.

- 조직 내 신뢰와 협업을 촉진하여 긍정적인 업무 환경을 조성한다.

갈등 관리(Conflict management)

"이번에도 우리 팀이 양보할 수는 없습니다. 모두가 동의할 수 있는 방향으로 진행해주세요."

- 갈등을 적정 수준으로 관리하고 협업할 수 있는 환경을 조성한다.
- 장기적으로 갈등을 완전히 해결하기 어려운 상황에서 갈등을 통제하고 조정하여 부정적인 에너지를 최소화하는 능력이다.
- 다양한 의견을 존중하고 감정을 조절하여, 상호 합의할 수 있는 갈등의 적정선을 유지하는 능력이다.

설득력(Persuasion)

"제가 준비한 데이터를 통해서 구체적으로 설명하겠습니다."

- 논리적이고 감성적으로 확신을 주어, 다른 사람의 생각과 행동을 바꾸도록 설득하는 능력이다.
- 효과적인 의사소통 능력, 신뢰 구축, 상대방의 관심을 끌어내고 공감대를 형성하는 능력이 포함된다.
- 설득력은 의사결정에 영향을 미치며, 목표 달성에 기여한다.

권한 없이 영향력 행사하기
(Influencing without authority)[86]

"회계팀의 협력을 구할 수 있도록, 제가 제안서를 작성해볼까요?"

- 공식적인 권한이나 직위 없이도 사람들의 행동이나 결정에 긍정적인 변화를 이끌어내는 능력이다.
- 비전을 제시하거나 동기를 부여하여, 공동의 목표를 향해 다른 사람들을 이끌 수 있는 능력이다.
- 소통, 공감, 리더십, 관계 구축, 신뢰 형성, 설득력, 협력 등이 포함된다.

협상력(Negotiation)

"더 추가하고 싶으신 내용이 없다면, 이대로 진행해도 될까요?"

- 여러 이해관계자와 의견 차이를 조정하며, 효과적으로 갈등을 해결하고 협상하는 능력이다.
- 상호 이익을 고려하여 양측을 설득하고, 윈-윈(Win-Win)할 수 있는 솔루션을 발견하는 능력이다.
- 협상력은 효과적인 의사소통, 문제 해결 능력, 유연성이 더해질 때 더욱 효과적이다.

자기표현(Self-Expression)[87]

"제 생각에는 이 프로젝트의 성공률을 30% 정도밖에 되지 않습니다. 제가 그 이유를 설명드리겠습니다."

- 자신의 감정, 생각, 그리고 의견 등을 외부에 명확하게 전달하는 능력이다.
- 자신감을 높이고, 자기 발견과 이해를 돕는다.
- 신뢰를 형성하여 타인과 건강한 관계를 구축하고, 이를

통해 성장을 가능하게 한다.

주도력(Initiative)

"제가 협력업체와의 미팅 후, 상황에 따라 팀과 논의해 적절한 결정을 공유하겠습니다."

- 목표를 달성하기 위해 주도적으로 행동하며 필요한 노력을 아끼지 않는다.
- 문제에 직면하면 스스로 동기를 부여하고, 책임감 있게 대처하며 위험을 감수한다.
- 새로운 도전에 긍정적으로 대응하며, 혁신을 이끌고 변화와 성장을 추구한다.

자신감(Self-confidence)

"필요한 지원만 해주신다면, 제가 성공시켜 보겠습니다."

- 자신의 능력과 가치를 믿으며, 목표를 성취하기 위해 꾸

준히 노력하도록 돕는다.
- 실패나 어려운 상황에서도 긍정적인 마인드를 유지하는 능력이다.
- 다른 사람에게 신뢰감을 심어준다.

적응력(Adaptability)

"새로운 팀에 적응하는 데 시간이 걸리겠지만, 빠르게 적응해서 팀에 도움이 되도록 하겠습니다."

- 변화와 새로운 상황 또는 환경에 빠르게 적응하는 능력이다.
- 예기치 못한 도전을 긍정적으로 받아들이며, 새로운 기술이나 시스템을 빠르게 습득하는 것을 포함한다.
- 이 능력에는 열린 마음, 창의력, 혁신, 즉흥적 사고 능력 등을 포함하며, 이는 개인과 조직의 지속적인 성장을 위한 필수 요소다.

유연성(Flexibility)

"상황에 맞춰 일정을 새로 조정해 보겠습니다."

- 변화에 빠르게 적응하며, 새로운 방식이나 관점을 수용하는 능력이다.
- 예기치 못한 문제나 도전에도 긍정적인 태도를 유지하고 효과적으로 대처하는 능력이다.
- 유연성은 개인과 조직이 지속적으로 성장하는 데 기여한다.

인내심(Patience)

"예상보다 작업 기간이 길어지고 있지만, 완성도를 높일 수 있도록 하겠습니다."

- 스트레스나 도전적인 상황에서도 침착함을 유지하며 끈기 있게 목표를 추구하는 능력이다.
- 자제력과 감정 조절과 연관되며, 장기적인 목표를 달성하는 데 필수적인 역량이다.
- 차분하고 지속적인 노력을 통해 개인의 성장과 성취를 촉

진하는 능력이다.

긍정적인 태도(Positive attitude)

"이번 기회에 우리 팀의 역량을 한 단계 끌어올릴 수 있을 겁니다."

- 어려운 상황에서도 긍정적이고 낙관적인 태도로 문제를 해결하려는 능력이다.
- 긍정적인 분위기를 형성하여 팀워크를 강화하고 성과를 높인다.
- 스트레스 관리와 정신적 건강 유지에 기여한다.

자기 동기 부여(Self-motivation)

"누가 알아주지 않아도, 제가 성장할 수 있는 좋은 기회라고 생각합니다."

- 외부의 간섭이나 압박 없이 스스로 목표를 설정하고, 이

를 달성하기 위해 동기를 부여하는 능력이다.
- 내적 욕구와 열정을 바탕으로 도전적인 상황을 극복한다.
- 주도적으로 자신의 성공을 계획하고 성취하는 능력이다.

신용(Trustworthiness)

"약속한 기한을 반드시 지키겠습니다."

- 다른 사람들이 나의 말과 행동을 신뢰할 수 있도록 만드는 능력이다.
- 책임감 있게 행동하며, 정직함과 약속 이행, 그리고 말과 행동의 일관성을 유지한다.
- 이 능력은 진실된 말과 행동을 통해 주변 사람들과 신뢰를 구축하고, 긍정적인 평판을 형성하는 데 기여한다.

신뢰성(Dependability)

"제가 책임지고 결과가 나오는 즉시 보고드리겠습니다."

- 조직 내에서 맡은 일을 책임감 있게 수행하는 능력이다.
- 동료들과의 협력에 필수적이며, 신뢰를 형성하는 데 기여한다.
- 약속과 기한을 준수하고 일관성을 유지하여 팀워크와 성과를 향상시키는 능력이다.

겸손(Humility)

"그게 다 제 덕인데…. 고맙다는 말 한마디를 않더라고요."(겸손이 필요한 예시)

- 자신의 능력을 과시하기보다는 다른 사람들의 의견과 기여를 존중한다.
- 실수를 인정하고 다양한 피드백을 수용하며 협력하여 팀워크를 향상시킨다.
- 겸손은 신뢰를 구축하고 동료들과 긍정적인 관계를 유지하도록 한다.

회복탄력성(Resilience)

"이번 일로 배운 점이 더 많았습니다. 다시 도전해 보겠습니다."

- 스트레스, 실패, 힘든 상황을 극복하고 다시 일어설 수 있는 능력이다.
- 역경에 좌절하지 않고 긍정적으로 대처하는 능력이다.
- 변화와 도전 속에서 기회를 발견하고, 목표를 향해 나아가는 원동력이 된다.

스트레스 관리(Stress management)

"오늘은 잠시 쉬면서 계획을 검토해 보도록 하겠습니다."

- 자신의 스트레스 원인을 인식하고 이에 대처할 수 있는 전략을 개발하는 능력이다.
- 휴식과 긍정적 사고를 실천함으로써 신체적, 정서적 건강의 균형을 유지한다.
- 압박 속에서도 업무 생산성을 유지하며 스트레스를 효과적으로 관리하는 능력이다.

평생학습(life-long learning)

"저는 미라클 모닝 3년째입니다. 새벽 시간은 영어를 배우는데 투자하고 있습니다."

- 끊임없이 새로운 지식과 기술을 습득하며, 자신의 역량을 향상시키기 위해 지속적으로 학습하는 능력이다.
- 개인과 조직의 성장과 발전에 기여한다.
- 변화에 적응하고 자신의 한계를 극복하는 데 필요한 능력이다.

문화적 역량(Cultural competence)

"당연히 다를 수 있지요. 그래서 더 흥미롭습니다."

- 다양한 문화와 배경을 가진 사람들과 효과적으로 의사소통하는 능력이다.
- 문화적 차이를 이해하고 존중하며, 다른 문화의 가치, 관습, 신념 등을 포용한다.
- 글로벌 비즈니스 환경에서 성공적인 업무 수행을 위한 필

수적인 역량이다.

문화 간 소통(Intercultural communication)

"문화적 관점을 반영한 솔루션을 들어봅시다."

- 서로 다른 문화적 배경을 가진 사람들과 효과적으로 의사소통하는 능력이다.
- 적절한 언어와 어조를 사용하며, 문화적 규범에 대한 이해와 적응이 요구된다.
- 다양한 배경의 사람들과 긍정적인 관계를 구축하고, 글로벌 비즈니스와 조직의 성과를 향상시키는 데 기여한다.

포용력(Inclusiveness)

"각자의 아이디어를 듣고 반영할 예정입니다."

- 다양한 배경, 경험, 그리고 관점을 가진 사람들을 존중하고 포용하는 능력이다.

- 혁신을 촉진하고 조직의 성과와 직원 만족도를 높이며, 소속감을 강화한다.
- 포용력은 서로의 차이를 인정하고 이를 지지하는 태도와 능력이다.

25.
이번에는 당신이 주인공이 될 차례

[소프트 스킬은 당신이 가진 다른 능력들이 빛을 발할 수 있도록 보완해 주고 돋보이게 해주는, 당신만을 비추는 조명이다.]

당신을 선택할 이유

우리는 하드 스킬을 연마하기 위해 평생을 투자해 왔다. 초등학교, 중학교, 고등학교, 그 이상의 모든 교육 기관의 목표는 하드 스킬의 완성에 초점을 맞추고 있다. 그래서 우리는 학교, 전공, 점수, 자격증 등이 일정하게 나열된 비슷한 스펙을 갖게 된다. 큰 틀에서 보면 우리의 하드 스킬은 비슷비슷하다.

3명을 뽑는 입사 시험에 100명이 지원했다고 가정해 보자. 분명 회사에서 모집 공고에 명시한 학력, 필요한 직무 능력, 경력 등의 조건을 어느 정도 충족하는 사람들이 지원할 것이다. 따라서 이력서에 기록된 개개인의 역량은 대략 엇비슷할 수밖에 없다.

100명의 지원자가 모두 비슷하다면, 그중에서 단 3명을 선택하는 기준은 무엇일까?

당신이 쉽게 지나쳤던 스킬이 그 결정의 기준이라면?

소프트 스킬은 다른 사람과 효과적으로 상호 작용할 수 있게 해 주는 개인의 특성이며 모든 산업과 직업에서 필요한 능력이다. 하드 스킬의 가치가 상승과 쇠퇴를 반복할 때, 소프트 스킬의 가치는 변하지 않고 오히려 상승하고 있다. 특히 구직이나 경력 발전에 있어서 당신이 생각하는 것보다 훨씬 더 중요한 기준으로 작용한다. 고용주들은 기술적 전문성 외에도 이러한 소프트 스킬을 갖춘 지원자를 찾고 있다. 물론 소프트 스킬이 뛰어나지 않아도 자신의 분야에서 최고가 될 수 있다. 하지만 소프트 스킬이 부족하다면, 경력적 성공의 기회는 제한적일 수밖에 없다.

당신을 비출 조명

미술관에서 멋진 작품을 비추는 조명이나 무대 위 주인공에게 빛을 쏟아붓는 조명은 단순히 대상을 비추는 것이 아니라, 그들을 주인공으로 만든다. 아무리 훌륭한 사람이 무대 위에 올라서도, 그를 비추는 조명이 없다면 아무도 그를 발견하지 못할 것이다. 이는 주인공을 눈부시게 만드는 조명의 마법이다.

우리 각자에게도 드라마의 주인공처럼 나만을 비추는 조명이 있다면 어떨까? 그 덕분에 나도 주인공처럼 찬란하게 빛날 수 있다면 말이다. 하지만 현실에서는 이런 조명을 쉽게 얻을 수 없다. 때로는 간절하게 주인공이 되고 싶지만, 준비가 끝났는데도 기회는 쉽게 오지 않는다.

그러나 사실 이미 우리에게는 자신만을 비출 수 있는 소프트 스킬이라는 조명이 있다.

소프트 스킬은 당신이 가진 하드 스킬을 보완하고 돋보이게 하는 역할을 한다.[88] 예를 들어, 하드 스킬은 뛰어나지만, 밋밋하고 평범했던 사람이 적절한 유머 감각과 다정함을 개발한다면 대화가 즐겁고 매력적인 사람으로 변신할 수 있다. 학벌도 좋고 성과도 잘 내지만 쌀쌀맞고 자기중심적인 사람이 겸손함과 친화력을 갖춘다면 최고의 팀원이 될 수 있다. 코딩 능력만 뛰어났던 개발자는 창의력과 공감 능력, 협업 같은 소프트 스킬을 개발할 때 전 세계를 사로잡을 멋진 게임을 만들 수 있다.

소프트 스킬은 결정적인 순간에 당신을 빛나게 할 수 있다. 그 어떤 조명보다도 당신을 눈부시게 만들어 줄 수 있다. 그 조명을 켜고, 이번에는 당신이 진정한 주인공이 되어 보자.

26.
소프트 스킬로 완성하는 나만의 특별한 이력서

> [그동안은 이력서에 당신이 '따뜻한 마음'을 가졌다는 이야기를 내세우는 것에 아무런 힘이 없다고 생각했을지도 모른다. 하지만, 이제부터는 달라져야 한다.]

이력서는 당신이 그 조직에서 어떤 가치를 가질 것인가를 채용 담당자에게 직접 보여 주는 가장 강력한 도구다. 이 중요한 도구에 소프트 스킬을 넣어야 할까?

당신의 스킬이 곧 당신의 가치가 된다는 믿음을 가지고 반드시 추가하자. 특히 이력서 항목 중에서도 목표(Goal)나 요약(Summary) 부분을 채용 담당자가 가장 먼저 읽을 확률이 높으므로 이 부분에 포함하는 것이 좋다.[89]

게다가 다음의 유용한 팁을 따른다면 당신의 이력서는 더욱 특별해질 수 있다.

직업, 직무와의 직접적인 관련성을 강조하라
먼저, 원하는 직업에 필요한 스킬을 확인해야 한다. 직업에 대한 사전 조사를 통해 고용주의 입장을 파악하는 것이 유리하다. 구인 광고를 살펴보면 조직이 요구하는 스킬이 명시되어 있으며, 여기에는 하드 스킬(예시: 영상 편집 기술)뿐만 아니라 소프트 스킬(예: 기존 팀원들과 잘 어울릴 수 있는)도 명시되어 있다.

하지만 이미 공개된 정보를 참고하여 누구나 알 수 있는 일반적인 업무보다는 그 직업에 필수적이면서도 남들과 차별화되는 소프트 스킬을 중심으로 기술해야 한다.[90]

예를 들어, 이전 직장에서 업무 관련 관찰 능력이 뛰어나거나 고객과의 상호 작용을 통해 공감 능력이나 이해력이 뛰어나다는 평가를 받은 적이 있다면, 이 부분은 반드시 드러내야 한다. 예시로, 타 부서와의 원활한 협업, 외부 업체와의 긴밀한 관계 유지, 철저한 마감일 준수, 변화하는 상황에 능동적이고 적극적으로 대처하는 능력 등을 구체적으로 기술하면 도움이 된다. 특히 경력 설명에서 지원하는 직업과 가장 관련 깊은 용어를 반드시 포함하고, 눈에 띄게 강조하자.[91]

만일 전혀 다른 직업으로 이직을 시도하는 상황이라면, 이전 경력에서 쌓은 결단력, 융통성, 수완 같은 당신만의 고유한 소프트 스킬이 새로운 일을 수행하는 데 큰 도움이 될 수 있음을 강조해야 한다.[92] 혹시 면접 중에 기회가 주어진다면, 어떤 일이라도 하고 싶다는 열정이나 어려운 상황을 참고 인내할 수 있는 성실함을 직접 언급해 보는 것도 좋은 시도가 될 것이다.

이력서의 형식에 빠져 있더라도, 자신 있는 스킬을 강조할 수 있도록, 하드 스킬과 소프트 스킬을 구분해서 적어 넣을 수도 있다. 하지만 명심해야 할 점은, 아무리 좋은 소프트 스킬이라도 직업과 관련이 없다면 강조할 필요가 없다는 점이다. 이력서는 간결하고 명확해야 하므로 필수적이지 않다면 생략하는 것이 좋다.

구체적으로 설명해라

자기소개서에 소프트 스킬과 관련된 사례를 구체적으로 포함해 보자.

사례를 떠올리기 어려울 때는 리더십 스킬이나 시간 관리 스킬과 같은 소프트 스킬을 먼저 정한 후, 이를 바탕으로 직장에서의 구체적인 경험을 생각해 보자. 예를 들어, 팀워크 항목에는 "목표 달성을 위해 팀 구성원과 적극적으로 소통하고 협력함. 소통을 위한 사내 캠핑 이벤트를 계획하고 성공시킴.", 리더십 항목에는 "타 부서의 생산성 향상을 위해 지식과 경험을 공유함. 결과적으로 목표를 130% 초과 달성함."과 같이 자세한 설명을 덧붙일 수 있다.[93]

자신의 의지나 동기 부여, 책임감을 어필하고자 할 때 원예, 요가, 수영 강습에 관한 내용을 건강과 마인드 컨트롤과 연관 지어 서술하면 긍정적인 면모를 함께 부각할 수 있다. 여기에는 리더십 과정 이수, 팀워크 수상 경력, 스피치 교육, 프레젠테이션 과정 수강 등과 같은 업무 관련 교육 과정이 추가되어도 좋다.[94]

경력란에는 이전 직장에서 어떻게 소프트 스킬을 사용했는가에 관한 구체적인 예시를 적어 주자. 예를 들어, 고객의 불만을 잘 해결한 경험이 있다면 그 비결이 당신의 적극적 경청 스킬이었음을 강조할 수 있다.[95]

그러나 내용이 구체적이지 않으면 빈칸을 채우기 위해 억지로 지어낸 것으로 보일 수 있다. 따라서 구체적인 경험을 바탕으로 진실하게 작성하는 것이 중요하다.

면접을 대비한 에피소드 준비하기

흥미로운 에피소드를 준비해 가는 것은 좋은 전략이다. 이력서에 적혀 있다고 해도 말로 설명할 수 있도록 특정 사례를 미리 준비해 두면 면접 당일에 더 여유를 가질 수 있다. 물론 하드 스킬도 함께 포함해야 한다.[96]

이때, 당신에게 남들처럼 드라마틱한 스토리가 없다고 낙담하거나 당신의 귀중한 경험을 과소평가하지 않았으면 한다.

당신이 평범하다고 생각한 경험이 채용 담당자가 오랜 시간 기다리던 최고의 경험일 수도 있다.

추천서나 레퍼런스의 파워

본인의 평가는 주관적일 수밖에 없고 과장이나 거짓의 가능성을 배제할 수 없다. 그렇지만 다른 사람의 추천서 Recommendation letter***나 레퍼런스 References****상에서 객관적인 평가가 더해진다면, 본인의 주장에 힘이 실릴 것이다. 오히려 소프트 스킬을 갖고 있음을 어필하기 위해서는 본인의 말보다 같이 일했던 동료나 상사의 평가가 더 중요할 수 있다. 잊지 말고 하드 스킬과 함께 소프트 스킬을 언급해 줄 것을 사전에 정중히 부탁해 놓자.

물론 추천서나 레퍼런스를 부탁하는 자체가 꽤 까다롭고 조심스러운 일이다. 그럼에도 이력서 자체보다 훨씬 더 신뢰가 가고, 강조의 효과가 높다는 점을 명심하고 이 부분을 포기하지 말자.

그러나 추천인에게 지원자의 인성을 확인하는 과정에서 채용이 취소되는 경우도 실제로 발생하기 때문에, 반드시 믿을

*** 추천서는 서류나 이메일 형식으로 작성된 서신으로 지원자에 대한 직무 평가, 인성, 자질 등에 관한 추천인의 평가를 담고 있다. 지원 서류와 함께 지원자가 직접 제출하거나, 추천인이 직접 발송한다.

**** 레퍼런스는 직접적인 추천인의 의견이나 평가 없이, 지원자에 대해 평가를 할 수 있는 사람들의 연락처를 기재한다. 주로 동료, 상사 등이 해당한다. 필요에 따라서 채용 담당자가 레퍼런스를 참조하여 직접 연락을 취할 수 있다.

수 있는 사람을 선택해야 한다.

27.
Chat GPT가 알려주는 <의사소통 스킬 자가 평가>[97]

   이제 챗GPT를 활용한 소프트 스킬 평가 방법을 소개해 보려고 한다. 다음에 소개할 자가 평가 설문 Questionnaire는 2024년 CharGPT 검색(검색어: 포용력, 적극적 경청, 자기표현 측정을 위한 자가 평가 설문 30문항)의 결과물이다. 설문을 차근차근 따라 읽으면서 자신을 평가해보고, 부족한 부분을 점검해 보자. 각 문항은 포용력, 적극적 경청, 자기표현 스킬의 개발을 위해서, 우리가 어떤 부분을 개선하기 위해 노력해야 하는가에 대한 밑그림을 제안하고 있다.

의사소통 스킬 자가 평가 설문

1) 포용력(Inclusiveness)

다음은 포용력 스킬 측정을 위한 자가 평가 문항입니다. 각 문항의 측정은 리커트 5점 척도를 사용하였습니다.

리커트 척도

1 = 전혀 그렇지 않다
2 = 그렇지 않다
3 = 보통이다
4 = 그렇다
5 = 매우 그렇다

포용력 스킬 자가 평가	리커트 척도				
	1	2	3	4	5
다양성 수용					
01. 나는 다른 사람들의 문화적 배경을 존중하려고 노력한다.					
02. 나는 성별, 인종, 종교, 나이에 관계없이 모든 사람을 평등하게 대한다.					
03. 나는 새로운 아이디어와 관점을 적극적으로 수용하려고 한다.					
04. 나는 나와 다른 사람들의 의견에 열린 마음으로 경청한다.					
05. 나는 사람들의 차이를 긍정적으로 바라본다.					
심리적 안정감					
06. 나는 팀원들이 자신의 의견을 자유롭게 표현할 수 있는 환경을 제공하려고 한다.					
07. 나는 실수나 실패를 두려워하지 않고 배움의 기회로 받아들인다.					
08. 나는 타인이 비판적인 피드백을 주었을 때도 긍정적으로 받아들인다.					
09. 다른 사람들은 나에게 솔직하게 말할 수 있다.					

10.	나는 누군가의 의견이 나와 다를 때 그 의견을 존중한다.					

소통 및 경청

11.	나는 타인의 말을 주의 깊게 듣고 이해하려고 노력한다.					
12.	나는 상대방의 의견을 이해하기 위해 질문을 자주 한다.					
13.	나는 대화 중에 타인의 입장을 충분히 고려한다.					
14.	나는 논쟁이 있을 때도 차분하게 대화를 이어나가려고 노력한다.					
15.	나는 비판을 들을 때 방어적인 태도보다 열린 태도를 취한다.					

소통 및 경청

16.	나는 나의 무의식적 편견을 인식하려고 노력한다.					
17.	나는 나의 결정에 편견이 작용하지 않도록 주의한다.					
18.	나는 특정 그룹에 대한 고정관념에 근거해 결정을 내리지 않도록 신경 쓴다.					
19.	나는 다양한 배경을 가진 사람들과의 교류를 늘리려고 노력한다.					
20.	나는 개인의 능력보다 고정된 이미지를 바탕으로 판단하지 않으려고 한다.					

	협업 및 존중					
21.	나는 나와 생각이 다른 사람과도 협력할 수 있다고 느낀다.					
22.	나는 다양한 팀원들과 효과적으로 협력할 수 있다고 자신한다.					
23.	나는 다른 사람의 기여를 존중하고 인정한다.					
24.	나는 팀의 모든 구성원이 공평하게 참여할 수 있도록 노력한다.					
25.	나는 팀에서 의사 결정을 할 때 다양한 의견을 충분히 반영하려고 한다.					
	자기 인식 및 자기 개선					
26.	나는 나의 행동이 타인에게 미치는 영향을 주기적으로 성찰한다.					
27.	나는 나의 포용적 태도를 강화하기 위해 지속적으로 노력한다.					
28.	나는 피드백을 통해 나의 행동을 개선하려고 한다.					
29.	나는 내 생각과 다른 의견도 수용할 수 있는 유연성을 가지고 있다.					
30.	나는 포용적인 리더십을 발휘하려고 지속적으로 노력한다.					

2) 적극적 경청(Active Listening)

다음은 적극적 경청 스킬 측정을 위한 자가 평가 문항입니다. 각 문항의 측정은 리커트 5점 척도를 사용하였습니다.

리커트 척도

1 = 전혀 그렇지 않다
2 = 그렇지 않다
3 = 보통이다
4 = 그렇다
5 = 매우 그렇다

적극적 경청 스킬 자가 평가		리커트 척도				
		1	2	3	4	5
주의 집중						
01.	나는 상대방이 말할 때 주의를 딴 곳에 두지 않고 온전히 집중한다.					
02.	나는 대화 도중 휴대폰, 컴퓨터 등 방해 요소를 피하려고 노력한다.					
03.	나는 대화 중 상대방의 말에만 집중하며 다른 생각을 하지 않는다.					
04.	나는 대화 중에 상대방의 눈을 맞추며 주의를 기울인다.					
05.	나는 상대방의 말에 반응하기 위해 기다리기보다는 그들의 말을 듣는 데 집중한다.					
공감적 경청						
06.	나는 상대방의 감정 상태를 고려하면서 그들의 말을 경청한다.					
07.	나는 상대방의 말을 들으면서 그들이 처한 상황을 이해하려고 노력한다.					
08.	나는 상대방의 감정을 인정하고 그에 대해 공감하는 말을 한다.					
09.	나는 상대방이 감정을 표현할 때 그들의 입장에서 생각해 본다.					

10.	나는 상대방의 어려움을 들을 때, 해결책을 제시하기보다는 먼저 그들의 감정을 이해하려고 한다.					
비언어적 신호 인식							
11.	나는 상대방의 표정, 몸짓, 목소리 톤 등의 비언어적 신호에 주의를 기울인다.					
12.	나는 상대방의 말과 비언어적 표현이 일치하는지 확인하려고 노력한다.					
13.	나는 상대방이 말하지 않은 감정이나 생각을 비언어적 신호를 통해 이해하려고 한다.					
14.	나는 상대방의 제스처나 자세가 의미하는 바를 분석하려고 한다.					
15.	나는 상대방의 비언어적 신호에 따라 경청 태도를 조정한다.					
경청을 통한 이해 확인							
16.	나는 상대방의 말을 정확하게 이해했는지 확인하기 위해 질문을 한다.					
17.	나는 상대방의 말을 요약하거나 반복하며 내 이해를 확인한다.					
18.	나는 상대방의 말을 잘못 이해했을 때, 바로 수정하려고 노력한다.					
19.	나는 상대방이 한 말을 다시 반영하여 대화에 포함시킨다.					

20.	나는 대화 중 궁금한 점이나 불명확한 부분에 대해 적극적으로 질문한다.					
끊김 없는 대화						
21.	나는 상대방이 말을 마치기 전에 끼어들지 않으려고 한다.					
22.	나는 상대방이 말을 끝마칠 때까지 기다렸다가 내 의견을 표현한다.					
23.	나는 대화를 독점하지 않고, 상대방이 충분히 말할 수 있는 시간을 제공한다.					
24.	나는 상대방이 중요한 이야기를 할 때 그들의 생각을 끝까지 듣는다.					
25.	나는 대화 중 내 의견을 너무 빨리 전달하려고 하지 않고, 먼저 경청한다.					
적극적 피드백 제공						
26.	나는 상대방의 말에 맞는 적절한 피드백을 제공한다.					
27.	나는 상대방의 감정이나 경험을 반영한 피드백을 준다.					
28.	나는 상대방의 말에 대해 긍정적이고 건설적인 반응을 하려고 노력한다.					
29.	나는 상대방이 말한 내용을 바탕으로 실질적인 해결책이나 조언을 제공한다.					
30.	나는 상대방의 말을 진지하게 받아들이고 그에 맞춰 반응한다.					

3) 자기표현 스킬(Self-expression)

다음은 자기표현 스킬 측정을 위한 자가 평가 문항입니다. 각 문항의 측정은 리커트 5점 척도를 사용하였습니다.

리커트 척도

1 = 전혀 그렇지 않다
2 = 그렇지 않다
3 = 보통이다
4 = 그렇다
5 = 매우 그렇다

자기표현 스킬 자가 평가	리커트 척도				
	1	2	3	4	5
명확한 의사 전달					
01. 나는 내 생각이나 의견을 명확하게 전달할 수 있다고 느낀다.					
02. 나는 복잡한 생각을 쉽게 설명할 수 있도록 노력한다.					
03. 나는 사람들이 나의 말을 쉽게 이해할 수 있도록 표현하는 편이다.					
04. 나는 중요한 메시지를 전달할 때, 주된 요점을 분명히 말한다.					
05. 나는 말을 할 때 핵심을 놓치지 않고 전달하려고 한다.					
감정 표현					
06. 나는 내 감정을 솔직하게 표현하려고 노력한다.					
07. 나는 감정적인 상황에서도 나의 감정을 적절하게 말로 표현할 수 있다.					
08. 나는 감정이 격해질 때도 차분하게 내 감정을 설명할 수 있다.					
09. 나는 기쁨, 슬픔, 분노 등의 감정을 숨기지 않고 적절하게 표현한다.					
10. 나는 내 감정이 상대방에게 명확하게 전달되도록 신경 쓴다.					

	주장과 자존감				
11.	나는 내 의견을 말할 때 주저하지 않는다.				
12.	나는 나의 권리와 생각을 존중하며, 그것을 상대방에게 표현할 수 있다.				
13.	나는 의견이 다를 때도 내 입장을 분명하게 설명할 수 있다.				
14.	나는 내 생각을 발표할 때 자신감을 가지고 말한다.				
15.	나는 다른 사람의 의견에 압도되지 않고 내 의견을 전달할 수 있다.				
	경청을 통한 이해 확인				
16.	나는 다른 사람에게 피드백을 줄 때 솔직하면서도 존중하는 태도로 표현한다.				
17.	나는 피드백을 줄 때 상대방의 기분을 고려하며 부드럽게 표현하려고 노력한다.				
18.	나는 비판을 해야 할 때도 상대방을 존중하며 말할 수 있다.				
19.	나는 타인의 잘못이나 실수를 지적할 때도 긍정적인 태도로 전달한다.				
20.	나는 상대방의 행동에 대해 솔직한 의견을 제시하지만, 공격적으로 표현하지 않으려고 노력한다.				
	끊김 없는 대화				

21.	나는 상황에 따라 적절한 언어와 표현 방식을 선택할 수 있다.					
22.	나는 다른 사람의 언어나 대화 스타일에 맞춰 내 표현을 조정할 수 있다.					
23.	나는 청중의 성향에 따라 내 말하는 방식을 유연하게 바꿀 수 있다.					
24.	나는 공식적인 자리와 비공식적인 자리에서 각각 적합한 방식으로 자신을 표현할 수 있다.					
25.	나는 상대방의 문화적 배경이나 상황을 고려하여 적절하게 표현하려고 노력한다.					
적극적 피드백 제공						
26.	나는 내 몸짓, 표정, 목소리 톤이 나의 의도와 일치하도록 신경 쓴다.					
27.	나는 내 말과 비언어적 표현이 서로 상충되지 않도록 주의한다.					
28.	나는 나의 제스처나 얼굴 표정을 통해 감정과 메시지를 효과적으로 전달할 수 있다.					
29.	나는 목소리 톤과 속도를 조절해 상대방이 내 의도를 잘 이해할 수 있도록 한다.					
30.	나는 내 비언어적 신호를 통해 긍정적이고 신뢰할 수 있는 이미지를 전달하려고 노력한다.					

나오는 글:

소프트 스킬이 중심이 되는 세상에서, 희망을 품다

[The way you look at your life determines how far you will go in your life.
당신이 당신의 삶을 바라보는 방식은 당신의 운명이 됩니다.]
- 알베르트 슈바이처

몇 년 전, 딸 아이 둘을 데리고 캐나다로 조기 유학을 떠났던 나는 일주일에 서너 번 정도는 아이들 수업을 위해서 커뮤니티 센터 Community Center[*****]를 방문했다. 평화롭던 어

[*****] 캐나다의 커뮤니티 센터는 지역 사회의 모든 사람에게 개방된 생활의 중심지이다. 주민들은 편리한 시설과 함께 이곳에서 제공되는 다양한 교육, 복지 서비스를 누릴 수 있다.

느 날, 나는 둘째 아이의 유아 댄스 수업을 유리창 너머로 지켜보았고, 열 명이 조금 넘는 아이들이 천진난만하게 웃으며 각자 하나씩 쥐고 있던 훌라후프를 바닥에 놓고, 춤추며 노래하며 주위를 돌다가 선생님이 박수를 치면 바닥에 놓인 훌라후프 안으로 들어가는 게임을 하고 있었다.

물끄러미 바라보던 나는 몇 해 전 여름, 한 TV 프로그램에서 시청했던 의자 게임을 떠올렸다.

의자 게임의 룰은 의자를 중앙에 놓고, 노래를 부르고 춤을 추며 의자 주위를 빙빙 돌다가 호각이 울리면 먼저 의자를 차지하는 사람이 이기는 것이다. 의자가 게임 참가자 수보다 한 개가 적어서 호각이 한번 울리고, 각자 의자를 차지하고 나면 어김없이 의자를 차지하지 못한 참가자가 한 명 남게 되고, 남은 사람은 탈락하게 된다.

게임에 참가한 이들은 게임에서 이기기 위해서 서로를 밀치고, 의자를 뺏으려고 야단법석을 떨었고, 나 역시 재미있게 그 프로그램을 시청했었다.

이와 비슷한 다른 게임도 있다. 학창 시절, 소풍 또는 운동회 때마다 모두 다 같이 빙빙 원을 그리며 돌다가, 선생님께서 "세 명!"하고 소리치시는 즉시 세 명씩 짝을 지어서 끌어안는 게임이었다. 이 게임의 룰도 '의자 게임'과 다르지 않다. 세 명, 혹은 네 명, 혹은 두 명으로 지정된 그룹에 들어가지 못하면 탈락자가 된다.

의자를 차지하지 못한 자는 탈락자가 되는 것과 같은 룰이다. 마지막에 남은 자가 승리자가 된다. 그러나 승리의 대가가 무엇이었는지는 정확히 기억나지 않는다.

'캐나다에도 우리와 똑같은 게임이 있구나!'

뜻밖의 발견이 반가웠다.

선생님의 박수 소리와 음악이 울려 퍼지자 첫 번째 라운드가 시작되었고, 아이들은 훌라후프를 바닥에 두고 주위를 흥겹게 돌기 시작했다. 갑자기 음악이 멈추고, 아이들은 각자 자신이 자치한 훌라후프 안으로 들어갔다. 이때 선생님이 미리 한 개의 훌라후프를 빼놓았기 때문에, 한 명의 아이는 훌라후프를 차지하지 못한 채 덩그러니 남게 되었다.

우리가 알고 있는 룰 Rule에 따르면 훌라후프를 차지하지 못하는 아이는 탈락자가 된다. 나는 '이제 저 아이는 게임에서 제외되고, 구석에 앉아서 게임이 끝나기만을 기다리겠구나.'라고 속으로 안쓰러워했다.

하지만 그 순간, 훌라후프를 차지하지 못한 아이에게 놀라운 일이 일어났다. 이미 훌라후프 안에 들어가 있던 친구 중 한 명이 당연한 듯이 남겨진 친구를 자신의 훌라후프 안으로 끌어당기고, 자신의 훌라후프 안쪽 한 자리를 양보해 준 것이다.

 이어지는 두 번째, 세 번째 라운드에서도 훌라후프의 개수는 하나씩 줄어들었고, 먼저 훌라후프 안에 자리 잡고 있던 아이들은 계속해서 훌라후프 밖에 덩그러니 남겨진 아이들을 자신의 훌라후프 안으로 끌어당겼다.

 열 개도 넘던 훌라후프가 하나씩 줄어들고, 어느새 커다란 강의실에는 오직 하나의 훌라후프만이 남게 되었다. 드디어 마지막 라운드가 시작된 것이었다. '설마 저 안에 이 많은 아이들이 전부 다 들어갈 수는 없겠지'라고 지켜보던 나는 생각했다.

 그러나 이 게임의 결말은 어땠을까? 어린 친구들은 모두 다 마지막 하나의 훌라후프 안으로 들어가 있었다. 행여나 누군가가 훌라후프 밖으로 밀려나지 않도록 서로서로 손을 꽉 잡고, 감싸 안고 말이다.

 게임의 룰이 바뀌자 내가 알던 흔한 게임은 경이로운 결과를 만들어 냈다. 한 명만 빼고 모두가 패자가 되는 의자 게임의 룰과는 반대로 아이들의 훌라후프 게임에서는 패자 Loser가 없었다. 의자 게임의 결말에는 한 명을 제외하고는 실패한 표정이지만, 훌라후프 게임의 마지막에는 모두 함박웃음을 짓고 있었다. 모두가 친구가 되어 있었고, 모두가 승자

Winner였다. 가장 행복해 보이는 순간이었고, 그 순간은 나에게 깊은 여운을 남겼다. 그 여운은 때론 힘들었던 이 책을 완성하는 여정에서 나를 끌어당겼다.

'이렇게 함께 이길 수 있는데, 우리는 왜 단 한 사람만이 승자가 되는 게임의 룰을 고수해 왔을까?'

나는 훌라후프 게임을 통해서 소프트 스킬의 중요성을 확인했다. 사람을 이기는 것보다는 사람들과 잘 지내기 위한 새로운 룰이 바로 소프트 스킬이기 때문이다. 이제 우리에게는 누군가를 탈락시키고, 내가 살아남기 위한 룰이 아니라, 서로의 손을 단단히 잡아주어 다 같이 살 수 있게 하는 새로운 룰이 필요하다.

게임의 룰이 바뀐다면 우리는 전부 승자가 될 수 있고, 함께 웃을 수 있다. 하지만 누군가의 손을 잡아주는 것은 하드 스킬로는 할 수 없다. 룰을 바꿀 수 있는 것은 인간의 가장 인간다운 기술, 소프트 스킬뿐이다.

제인 Jane

참고 문헌

01.
기계 없이는 살 수 없는 당신에게

1) 나무위키, '데우스 엑스 마키나', 검색일: 2024.06.20.

2) The Economist. (2015, 02. 26). Planet of the phones. The Economist.

3) IT동아. (2022, 04. 22). 엄마, 아빠보다 더 친한 '알렉사'. IT동아.

02.
또다시 기계 앞에 서는 순간

4) 한국기계산업진흥회. (n.d.). 기계산업 용어 정의.
https://www.koami.or.kr/cyber/viewDefinition.do

5) 나무위키. (n.d). 조면기.
https://namu. wiki/w/%EC%A1%B0%EB%A9%B4%EA%B8%B0

6) Rifkin, J. (2016). 노동의 종말 (이영호 번역). 서울: 민음사. (Original work published 1996), pp. 139-140.

7) World Economic Forum. (2016). The future of jobs: Employment, skills and workforce strategy for the Fourth Industrial Revolution. World Economic Forum.

8) 한국경제TV. (2023, 06. 04). [AI 일자리 침공…'대량 실직' 이미 시작됐다]. https://v.daum.net/v/20230603174259533

03.
당신이 시험을 망치는 이유

9) Thomas, L. (2018). 태도의 품격 (서유라 번역). 경기도 파주시: 다산북스, p. 46.

04.
당신의 조직과 자격과 기회

10) Inamori, K. (2010). 왜 일하는가 (이정환, 번역). 서울: 서돌, p. 34.

11) 부산복지개발원 뉴스. (2022. 04. 19).
    [긴급복지 10만 건...코로나 이후 위기 가구 추적].
    https://news.kbs.co.kr/news/pc/view/view.do?ncd=5443318&ref=A

12) 매일경제. (2023, 05. 28).
    [보험 영업사원부터 마트 계산원까지...4년 간 판매직 40만명 급감].
    https://v.daum.net/v/20230528170600313

05.
비관적이거나 낙관적이거나

13) Frey, C. F., & Osborne, M. A. (2013). The future of employment: How susceptible are jobs to computerisation? Oxford Martin School Working Paper. 1-72.

14) World Economic Forum. (2016). The future of jobs: Employment, skills and workforce strategy for the Fourth Industrial Revolution. World Economic Forum.

15) 한국고용정보원. (2016). AI·로봇-사람, 협업의 시대가 왔다.
    https://www.nhrd.net/board/view.do?dataSid=26117&boardId=BBS_0000005&menuCd=DOM_000000102004000000

16) Arntz, M., Gregory, T., & Zierahn, U. (2016). The risk of automation for jobs in OECD countries: A comparative analysis (OECD Social, Employment and Migration Working Papers, No. 189). OECD Publishing. http://dx.doi.org/10.1787/5jlz9h56dvq7-en

17) Frey, C. F., & Osborne, M. A. (2013). The future of employment: How susceptible are jobs to computerisation? Oxford Martin School Working Paper. 1-72.

18) Arntz, M., Gregory, T., & Zierahn, U. (2016). The risk of automation for jobs in OECD countries: A comparative analysis (OECD Social, Employment and Migration Working Papers, No. 189). OECD Publishing. http://dx.doi.org/10.1787/5jlz9h56dvq7-en

06.
히어로는 우리의 일자리를 위협할까?

19) 통계청. (2022, 12. 14). 농림어업조사.

20) 매일경제. (2021, 01. 14).
["우리 동네 고등학교가 없어요"…농어촌 2곳 중 한곳, 고교 진학 위해 타 지역 가야].
https://www.mk.co.kr/news/economy/10137165

07.
우리가 소프트 스킬에 주목해야 하는 이유

21) 뉴시스. (2016, 03. 11).
이세돌-알파고 2국, 승패 결정 순간 시청률 10.87%.
https://www.newsis.com/view/NISX20160311_0013951241

08.
경쟁의 승패를 가르는 기준은 무엇인가

22) Misra, K. (2014). Employability skills that recruiters demand. The IUP Journal of Soft Skills, 8(3), 51-55.

23) Amabile, T. M. (2012). Perspectives on the social psychology of creativity. The Journal of Creative Behavior, 46(1), 3-15.

24) Heckman, J. J., & Kautz, T. (2012). Hard evidence on soft skills. Labour Economics, 19(4), 451-464.

25) Kantrowitz, T. M. (2005). Development and construct validation of a measure of soft skills performance (PhD dissertation). Georgia Institute of Technology.

26) Robles, M. M. (2012). Executive perceptions of the top 10 soft skills needed in today's workplace. Business Communication Quarterly, 75(4), 453-465.

27) Lippman, L. H., Ryberg, R., Carney, R., & Moore, K. A. (2015). Key "soft skills" that foster youth workforce success: Toward a consensus across fields (Workforce Connections, Child Trends Publication, 2015-24). 1-56.

28) Griffith, D. A., & Hoppner, J. J. (2013). Global marketing managers: Improving global marketing strategy through soft skill development. International Marketing Review, 30(1), 21-41.

29) Lippman, L. H., Ryberg, R., Carney, R., & Moore, K. A. (2015). Key "soft skills" that foster youth workforce success: Toward a consensus across fields (Workforce Connections, Child Trends Publication, 2015-24). 1-56.

30) John, J. (2009). Study on the nature of impact of soft skills training programme on the soft skills development of management students. Pacific Business Review, October-December, 19-27.

31) Lippman, L. H., Ryberg, R., Carney, R., & Moore, K. A. (2015). Key "soft skills" that foster youth workforce success: Toward a consensus across fields (Workforce Connections, Child Trends Publication, 2015-24). 1-56.

32) John, J. (2009). Study on the nature of impact of soft skills training programme on the soft skills development of management students. Pacific Business Review, October, 19-27.

33) LinkedIn. (2018, December 31). The skills companies need most in 2019 and how to learn them. https://www.linkedin.com/business/learning/blog/top-skills-and-courses/the-skills-companies-need-most-in-2019-and-how-to-learn-them

09.
구인 광고 속에 숨겨진 성공 시크릿

34) Deming, D. J. (2017). The growing importance of social skills in the labor market (NBER Working Paper No. 21473). 1-48.

35) Deming, D. J. (2017). The growing importance of social skills in the labor market. The Quarterly Journal of Economics, 132(4), 1593-1640.

36) Deming, D., & Kahn, L. B. (2017). Skill requirements across firms and labor markets: Evidence from job postings for professionals (NBER Working Paper No. 23328). 1-33.

37) Deming, D. J. (2017). The growing importance of social skills in the

labor market (NBER Working Paper No. 21473). 1-48.

10.
세 가지 보틀넥이 당신에게 전하는 힌트

38) Frey, C. F., & Osborne, M. A. (2013). The future of employment: How susceptible are jobs to computerisation? Oxford Martin School Working Paper. 1-72.

39) Bakhshi, H., Frey, C. B., & Osborne, M. (2015). Creativity vs. robots: The creative economy and the future of employment. NESTA. 1-40.

11.
핵심 역량의 재편, 스킬 큐레이션

40) KT Enterprise. (2023, 09.06).
[AI와 로봇 기술이 결합된 스마트 택배 서비스].

41) 주간조선. (2024, 05.03).
[고객 문앞 '마지막 한 걸음'까지, 로봇 택배기사님이 갑니다].
https://www.chosun.com/economy/market_trend/2024/05/03/Y5WDDIPCHJEVDN7N2IMROCDOOQ/

42) LinkedIn. (n.d.). Upskilling and reskilling.
https://learning.linkedin.com/resources/upskilling-and-reskilling/upskilling-reskilling

43) Iberdrola. (n.d.). Reskilling and upskilling.
https://www.iberdrola.com/talent/reskilling-upskilling#:~:text=The%20difference%20between%20these%20two,different%20post%20within%20the%20company.

44) Forbes. (n.d.). Essential soft skills in 2024.
https://www.forbes.com/advisor/business/soft-skills-examples/

45) Deloitte. (2016). Human capital trends: Introduction.
https://www2.deloitte.com/us/en/insights/focus/human-capital-trends/2016/human-capital-trends-introduction.html

12.
최고의 소프트 스킬을 찾아서

46) John, J. (2009). Study on the nature of impact of soft skills training programme on the soft skills development of management students. Pacific Business Review, October, 19-27.

47) Robles, M. M. (2012). Executive perceptions of the top 10 soft skills needed in today's workplace. Business Communication Quarterly, 75(4), 453-465.

48) Lippman, L. H., Ryberg, R., Carney, R., & Moore, K. A. (2015). Key "soft skills" that foster youth workforce success: Toward a consensus across fields (Workforce Connections, Child Trends Publication, 2015-24). 1-56.

49) Lippman, L. H., Ryberg, R., Carney, R., & Moore, K. A. (2015). Key "soft skills" that foster youth workforce success: Toward a consensus across fields (Workforce Connections, Child Trends Publication, 2015-24). 1-56.

50) Indeed Editorial Team. (n.d.). Valuable soft skills that you need to succeed in your career.
https://uk.indeed.com/career-advice/career-development/soft-skills

51) Indeed.com. (n.d.). 11 top job skills: Transferable skills for any industry.
https://uk.indeed.com/career-advice/career-development/job-skills

52) Lippman, L. H., Ryberg, R., Carney, R., & Moore, K. A. (2015). Key "soft skills" that foster youth workforce success: Toward a consensus across fields (Workforce Connections, Child Trends Publication, 2015-24). 1-56.

53) Nonstop Consulting. (n.d.). Top 10 in-demand soft skills for landing a job. LinkedIn.
https://ch.linkedin.com/company/nonstop-consulting?trk=article-ssr-frontend-pulse_publisher-author-card

54) Harvard Business Review. (2023, February). 5 essential soft skills to develop in any job.
https://hbr.org/2023/02/5-essential-soft-skills-to-develop-in-any-job

55) Hays. (n.d.). 7 job-ready soft skills you need today.
https://www.hays.com.au/career-advice/upskilling/soft-sk

56) Toggl. (n.d.). Soft skills assessment: 7 soft skills every recruiter should test.
https://toggl.com/blog/soft-skills-assessment-test

57) Forbes. (n.d.). Essential soft skills in 2024.
https://www.forbes.com/advisor/business/soft-skills-examples/

13.
소프트 스킬은 모여서 소프트 스킬이 되고

58) Kantrowitz, T. M. (2005). Development and construct validation of a measure of soft skills performance (PhD dissertation). Georgia Institute of Technology.

14.
소통의 전문가가 되려면

59) Robles, M. M. (2012). Executive perceptions of the top 10 soft skills needed in today's workplace. Business Communication Quarterly, 75(4), 453-465.

60) Indeed Editorial Team. (n.d.). Verbal communication skills: Definitions and examples. Indeed. Retrieved October 16, 2024, from https://www.indeed.com/career-advice/career-development/verbal-skills

61) Indeed Editorial Team. (n.d.). Nonverbal communication skills: Definitions and examples. Indeed. Retrieved October 16, 2024, from https://www.indeed.com/career-advice/career-development/nonverbal-communication-skills

62) Indeed Editorial Team. (n.d.). Written communication skills: Definitions and examples. Indeed. Retrieved October 16, 2024, from https://www.indeed.com/career-advice/career-development/written-communication

63) Indeed Editorial Team. (n.d.). What digital skills to look for when

hiring. Indeed. Retrieved October 16, 2024, from
https://uk.indeed.com/career-advice/career-development/digital-skills

15.
작정하고 품어라, 포용력(Inclusiveness)

64) 헤이스팅스, 리드 & 마이어, 에린. (2020). 노 룰스. 알에이치코리아. (p. 61-62).

65) 헤이스팅스, 리드 & 마이어, 에린. (2020). 노 룰스. 알에이치코리아. (p. 63).

16.
듣기 평가보다 어려운 적극적 경청(Active Listening)

66) HubSpot. (n.d.). What are soft skills?. HubSpot. Retrieved October 16, 2024, from
https://blog.hubspot.com/marketing/soft-skills

17.
건강한 관계의 씨앗, 자기표현(Self-Expression)

67) Stone, D., Patton, B., & Heen, S. (1999). Difficult conversations: How to discuss what matters most (pp. 89-90). Penguin Books.

68) Mister Independent. (n.d.). The power and importance of self-expression: The art of being yourself. Retrieved November 2, 2024, from https://misterindependent.com/the-power-and-importance-of-self-expression-the-art-of-being-yourself/

69) 사이토, 다카시. (2015). 혼자있는 시간의 힘 (p. 93). 위즈덤하우스.

70) 사이토, 다카시. (2015). 혼자있는 시간의 힘 (p. 93). 위즈덤하우스.

71) 헤이스팅스, 리드 & 마이어, 에린. (2020). 노 룰스. 알에이치코리아. (p. 85).

21.
우리의 목표는 더 멀리 보는 것이 아니다

72) 조선일보. (2022년 6월 22일). [누리호 셀카에 찍힌 우주 가는 길].

https://www.chosun.com/economy/science/2022/06/22/I5MVMYMWJFGJNKXRYVMRO4ZOVU/

73) 한겨레. (2023년 9월 22일). [다누리호의 첫 사진].
https://www.hani.co.kr/arti/science/science_general/1057146.html

74) 인공지능신문. (n.d.). [학습하지 않은 물체 인식하는 '로봇 시각 인공지능'].
https://www.aitimes.kr/news/articleView.html?idxno=24251

22.
평범한 눈치, 특별한 능력

75) MBC뉴스. (2023년 3월 8일). 은행원 보이스피싱범 검거.
https://www.mbcnews.co.kr/기사/은행원-보이스피싱범-검거

76) 위키백과. (2024). 눈치.
https://ko.wikipedia.org/wiki/%EB%88%88%EC%B9%98

77) 네이버. (n.d.). 눈치.
https://ko.dict.naver.com/#/search?query=%EB%88%88%EC%B9%98

78) Pettigrew, T. F. (1979). The ultimate attribution error: Extending Allport's cognitive analysis of prejudice. Personality and Social Psychology Bulletin, 5(4), 461-476.

79) Ouchi, W. G. (1981). Theory Z: How American business can meet the Japanese challenge. Addison-Wesley.

80) Cameron, K. S., & Quinn, R. E. (1999). Diagnosing and changing organizational culture: Based on the competing values framework. Addison-Wesley.

81) Cameron, K. S., & Quinn, R. E. (2011). Diagnosing and changing organizational culture: Based on the competing values framework (3rd ed.). Jossey-Bass.

82) Ouchi, W. G. (1981). Theory Z: How American business can meet the Japanese challenge. Addison-Wesley.

24.
소프트 스킬 예시

83) Handshake. (n.d.). Soft skills 101: Definition + 50 examples.
https://joinhandshake.com/blog/students/soft-skills-examples/

84) 미국 노동부. (n.d.). Soft skills: The competitive edge. U.S. Department of Labor.
https://www.notion.so/Soft-Skills-The-Competitive-Edge-U-S-Department-of-Labor-599496da7aba4abb8589d64655009b2a

85) Ford, W. (2015). Growth mindset: One skill to rule all. SkillsYouNeed.
https://www.skillsyouneed.com/rhubarb/growth-mindset-employability.html

86) Harvard Business Review. (2023, February). 5 essential soft skills to develop in any job.
https://hbr.org/2023/02/5-essential-soft-skills-to-develop-in-any-job

87) Mister Independent. (n.d.). The power and importance of self-expression: The art of being yourself. Retrieved November 2, 2024, from https://misterindependent.com/the-power-and-importance-of-self-expression-the-art-of-being-yourself/

25.
이번에는 당신이 주인공이 될 차례

88) Lippman, L. H., Ryberg, R., Carney, R., & Moore, K. A. (2015). Key "soft skills" that foster youth workforce success: Toward a consensus across fields (Workforce Connections, Child Trends Publication, 2015-24). 1-56.

26.
소프트 스킬로 완성하는 나만의 특별한 이력서

89) Handshake. (n.d.). Soft skills 101: Definition + 50 examples.
https://joinhandshake.com/blog/students/soft-skills-examples/

90) Novorésumé. (n.d.). Soft skills: What they are and why they matter.
https://novoresume.com/career-blog/soft-skills

91) The Balance. (n.d.). List of soft skills.
https://www.thebalancemoney.com/list-of-soft-skills-2063770

92) Harvard Business Review. (2023, February). 5 essential soft skills to develop in any job.
https://hbr.org/2023/02/5-essential-soft-skills-to-develop-in-any-job

93) Handshake. (n.d.). Soft skills 101: Definition + 50 examples.
https://joinhandshake.com/blog/students/soft-skills-examples/

94) Handshake. (n.d.). Soft skills 101: Definition + 50 examples.
https://joinhandshake.com/blog/students/soft-skills-examples/

95) Handshake. (n.d.). Soft skills 101: Definition + 50 examples.
https://joinhandshake.com/blog/students/soft-skills-examples/

96) U.S. News. (n.d.). What are soft skills?
https://money.usnews.com/money/blogs/outside-voices-careers/articles/what-are-soft-skills

27.
Chat GPT가 알려주는 <의사소통 스킬 자가 평가>

97) ChatGPT, OpenAI. (2024). "Inclusiveness, Active Listening and Self-expression Assessment Items."

소프트 스킬

1판 1쇄 발행 2024년 12월 23일

저 자 제인 Jane

펴낸곳 bookparty
디자인 arti.bee
등 록 2021년 12월 6일 (제2021-000025호)
팩 스 0505-333-3490
메 일 bookpartygo@naver.com   **인스타그램** @bookparty_go

ISBN | 979-11-990022-0-3 (03320)

Copyright ⓒ 2024 by 제인 Jane

* 본 책은 저작자의 지적 재산으로서 무단 전재와 복제를 금합니다.
* 잘못된 책은 구입하신 서점에서 교환해드립니다.